Bébé

Bébé

L'étonnant voyage de 0 à 2 ans

desmond morris

Bébé
L'étonnant voyage de 0 à 2 ans

Copyright © 2008, Hurtubise HMH ltée
pour l'édition en langue française au Canada

Titre original de cet ouvrage :
Baby

Édition originale produite et réalisée par :
Hamlyn
A division of Octopus Publishing Group Ltd
2-4 Heron Quays, Docklands
Londres E1A 4JP, Royaume-Uni

Copyright © 2008, Octopus Publishing Group Ltd
Copyright © 2008, Desmond Morris pour le texte
Copyright © 2008, Éditions Nathan 2008 pour la traduction française

Traduction : Ariel Marinie

ISBN : 978-2-89647-081-5

Dépôt légal : 4ᵉ trimestre 2008
Bibliothèque et Archives nationales du Québec
Bibliothèque et Archives du Canada

Éditions Hurtubise HMH ltée
1815, avenue De Lorimier
Montréal (Québec) H2K 3W6

Imprimé en Chine

www.hurtubisehmh.com

sommaire

préface

Il existe de nombreux ouvrages sur les bébés, mais celui-ci est vraiment différent. Au lieu de donner des conseils aux parents, il s'efforce de décrire avec la plus grande précision possible les deux premières années de vie de l'enfant. À partir de ces informations, les parents seront mieux armés pour décider des soins et de l'éducation qu'ils veulent donner à leur petit entre le moment où il voit le jour, minuscule, vulnérable, et son deuxième anniversaire, lorsqu'il sait déjà marcher et parler et commence à montrer des velléités d'indépendance.

Au cours de ses neuf premiers mois, entre sa conception et sa naissance, le bébé voit son poids multiplié par 3 milliards ! Dès sa naissance, ce taux de croissance hallucinant se ralentit brutalement, et, au cours des deux premières années de vie, la taille de l'enfant ne fera plus que quadrupler. Même si cette croissance impressionne les parents, elle n'est rien comparée à l'étonnant développement qui a lieu à l'intérieur de l'utérus.

voyage dans l'évolution

Le développement du bébé est un processus complexe. Son corps minuscule contient le résumé d'un million d'années d'évolution humaine, ce qui lui permet de grandir et de progresser suivant une séquence prédéterminée. Tout ce dont il a besoin, c'est d'un environnement bienveillant favorable à son épanouissement.

Le nouveau-né est doté d'un charme irrésistible qui fait fondre ses parents et provoque chez eux un irrépressible besoin de le protéger, de le choyer, de le nourrir, de faire sa toilette et de le tenir au chaud. Tous les adultes cèdent à cet instinct de protection dès qu'ils tiennent dans leurs bras ce petit être impuissant et sans défense qui les fixe de ses grands yeux étonnés.

le rôle des parents

Chez les êtres humains, la mission des parents est très lourde et longue : une vingtaine d'années par enfant ! Mais elle est aussi une source de joie intense. Les enfants sont notre seule forme d'immortalité assurée, puisqu'ils poursuivent notre ligne génétique et perpétuent nos gènes, ce qui fait d'eux notre « bien » le plus précieux.

Les deux premières années de l'enfant sont d'une importance cruciale ; la plupart des expériences qui jalonnent cette période délicate le marqueront pour la vie. Un nourrisson qui bénéficie d'un environnement riche et stimulant et qui est choyé par ses parents a toutes les chances de devenir un adulte curieux, confiant, sûr de lui, vif et intelligent. La petite tête fragile du nouveau-né contient tout le matériel génétique nécessaire pour cette évolution. Tout ce que ses parents ont à faire est de lui offrir un environnement familial favorable à l'épanouissement de son potentiel humain. Il leur suffit pour cela de laisser s'exprimer les sentiments d'amour parental propres à l'espèce humaine. La nature fera le reste.

chaque enfant est unique

Même si ce livre s'intéresse aux traits communs à tous les bébés pendant leurs deux premières années de vie, il ne faut jamais oublier que chaque enfant est unique – même des jumeaux identiques naissent avec des empreintes digitales différentes. C'est l'interaction entre le bagage génétique de l'enfant, son environnement familial et son éducation qui détermine la personnalité du futur adulte.

les différences physiques

Tous les enfants grandissent et apprennent à des cadences différentes. Un bébé pèse tel poids à la naissance, un autre est plus lourd, ou plus léger. Les variantes entre les extrêmes peuvent être énormes. Le poids le plus important jamais enregistré pour un nouveau-né était 35 fois plus élevé que le poids le plus bas jamais enregistré. La cadence à laquelle se produisent les principales phases de développement décrites dans ces pages peut donc varier suivant les individus.

l'émergence de la personnalité

On constate très tôt d'importantes différences de caractère entre les enfants. Beaucoup de parents sont surpris par les différences de personnalité de leurs rejetons. L'un est placide et tranquille, le deuxième vif et sociable, le troisième prudent et assidu. L'un se montre coopératif, l'autre difficile et désobéissant, le dernier surprend par son astuce.

le rôle de l'ADN

Les différences d'apparence et de personnalité nous rappellent que chacun de nous possède un ADN unique et qu'il est génétiquement différent des quelque 6,6 milliards d'êtres humains qui peuplent aujourd'hui la planète. Ce sont ces différences qui nous évitent de ressembler à ces robots humanoïdes des cauchemars de science-fiction et qui rendent la vie si agréable. Mais si nous différons les uns des autres par des milliers de minuscules détails, nous nous ressemblons aussi par des milliers d'autres détails. C'est à ces similarités que nous nous intéressons dans cet ouvrage.

le rôle de l'environnement

Aux différences génétiques viennent s'ajouter les différences dues à l'environnement familial. Tous les bébés sont génétiquement programmés pour se développer à une cadence à peu près équivalente, mais une vie familiale heureuse accélérera le processus, tandis qu'un environnement hostile le freinera. L'enfant qui grandit dans un milieu stimulant a plus de chances de développer au mieux ses capacités mentales.

le nouveau-né

la naissance

La naissance est un traumatisme pour le bébé. Dans l'utérus, tout est douillet, chaud, sombre, calme, doux, liquide, plein. Puis soudain, après avoir été très protégé, le nouveau-né est expulsé de cet environnement rassurant et se trouve exposé à une lumière violente, à des surfaces dures, privé de contact corporel, entouré non plus de liquide, mais d'air.

un nouvel environnement

L'environnement qui accueille le nouveau-né est généralement un hôpital, où la priorité va à la sécurité, à l'hygiène et à l'efficacité. L'équipe médicale se hâte de sectionner et de clamper le cordon ombilical, examine le bébé pour détecter d'éventuelles malformations, puis le pèse, le lave et l'enveloppe dans un linge douillet. Pour la grande majorité des nouveau-nés en bonne santé, le choc de la naissance serait atténué si les procédures qui l'accompagnent se déroulaient dans une ambiance plus sereine.

de la douceur avant toute chose

Des études montrent que les nouveau-nés sont moins traumatisés par le choc de la naissance lorsqu'ils sont accueillis non par des cris de joie, mais par une atmosphère calme et détendue, dans un éclairage tamisé. Même si une lumière plus vive est nécessaire au moment de l'accouchement, dès que l'enfant est né, il faut baisser les lumières pour permettre à ses yeux de s'adapter à son nouvel environnement.

Le fait de laisser le nouveau-né en contact avec sa mère après la mise au monde atténue aussi le traumatisme de la naissance. Posé sur le ventre de sa maman, le bébé aura moins l'impression d'être privé de la chaude intimité corporelle dont il a joui pendant neuf mois. Ce n'est pas par hasard que le cordon ombilical – encore relié au placenta les premières minutes – a juste la longueur suffisante (environ 50 cm) pour permettre ce contact.

Les bébés manipulés avec douceur paniquent moins que les autres, les cris et les grimaces cessent plus vite. Le nouveau-né repose calmement sur le corps de sa mère tout en se remettant de sa difficile épreuve. Le cordon ombilical assurait l'oxygénation et le passage des substances nutritives ; la respiration aérienne le rend inutile.

première intimité

Les parents ont souvent hâte de voir le bébé lavé, pesé et enveloppé. Pourtant, si l'on attend un peu, la mère et l'enfant pourront faire connaissance et profiter quelques instants du lien privilégié qui les unit. Le nouveau-né ne tardera pas à s'endormir, mais, pendant les quelques minutes qui suivent sa venue au monde, il est tout à fait éveillé et, si on le lui permet, il passe un bon moment à fixer sa mère qui elle-même le contemple avec émerveillement.

Enfin vient le moment de sectionner le cordon ombilical et d'emmener le bébé pour le laver, le peser et l'envelopper. Si on l'a laissé quelques instants dans les bras de sa mère, cette interruption est moins stressante pour lui.

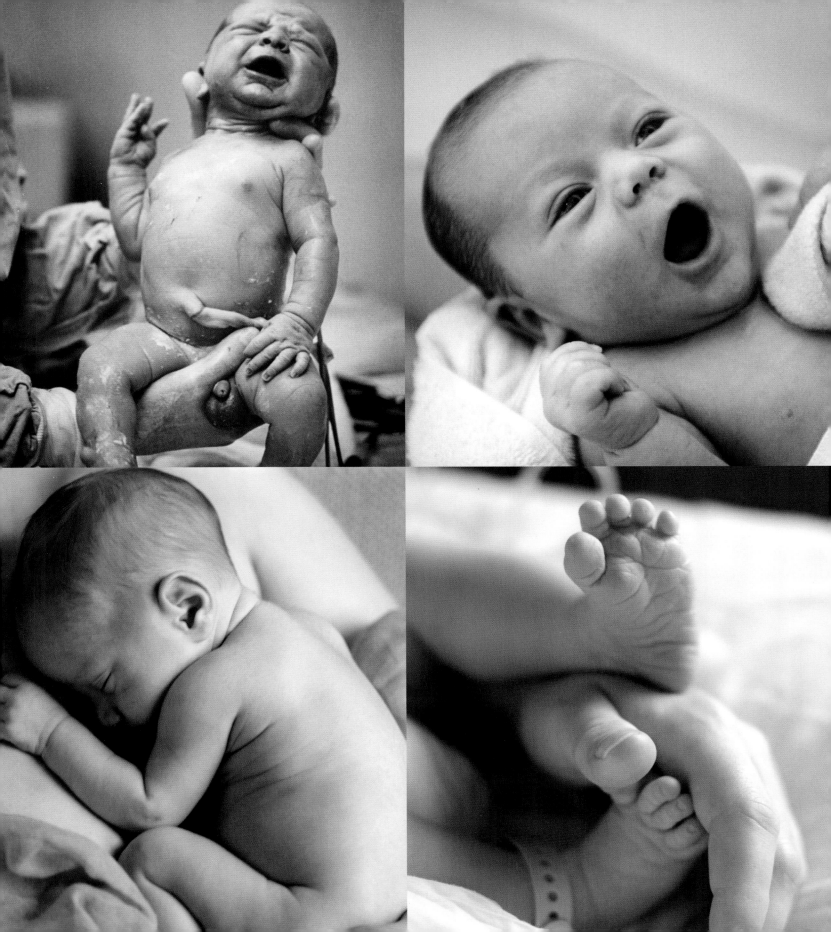

le corps du nouveau-né

Pendant les premiers jours qui suivent sa venue au monde, le nouveau-né présente souvent quelques déformations, mais les défauts du début ne tarderont pas à disparaître. Le bébé vient de passer neuf mois recroquevillé dans le ventre de sa mère et a été très comprimé en passant par le vagin pour naître. Il n'est donc pas surprenant qu'il porte les marques de cette épreuve.

les imperfections initiales

Le corps du nouveau-né porte parfois les traces de l'épreuve qu'il vient de subir, notamment des marques rouges sur la tête et sur le cou qui sont en fait de minuscules vaisseaux sanguins vus en transparence à travers la peau, ainsi que des taches et des rougeurs. Il arrive aussi que la peau pèle. Toutes ces marques disparaissent à mesure que le corps se remet du traumatisme de la naissance et que le bébé s'adapte à la vie extra-utérine. Dans les quelques jours suivant la naissance, on observe parfois un « effet Arlequin » : une moitié du corps prend une couleur rouge foncé, tandis que l'autre reste pâle. Il s'agit d'une réaction sans danger aux variations de diamètre des vaisseaux sanguins provoquées par un changement de position ou de température. Les marbrures de la peau, également fréquentes, sont dues

à l'immaturité du système circulatoire. Les paupières apparaissent parfois gonflées en raison de la pression exercée sur elles pendant l'accouchement, mais elles reprennent vite un aspect normal. Il arrive que le bébé louche pendant les premières semaines, mais ce défaut disparaît généralement au cours des premiers mois.

Les bébés nés par césarienne ne portent pas de marques sur la peau et leur crâne n'est pas déformé, car ils ne passent pas par le vagin pour venir au monde. Mais une césarienne est une opération sérieuse qui peut comporter des risques pour la mère et l'enfant, et elle ne devrait être pratiquée qu'en cas de nécessité absolue. Les études montrent que les bébés nés par césarienne présentent parfois des difficultés respiratoires car ils n'ont pas bénéficié des importants changements hormonaux et physiologiques qui se produisent pendant l'accouchement.

le nombril

Peu après la naissance, le cordon ombilical est clampé et sectionné à proximité du nombril. Le segment qui reste attaché au ventre du bébé commence bientôt à se nécroser. Dès qu'il est complètement desséché, on retire le clamp, et le reste du cordon tombe de lui-même, laissant un nombril bien net. Il arrive que ce processus prenne un peu plus de temps – parfois jusqu'à trois semaines –, mais il est essentiel de laisser faire la nature. Lorsque le reste du cordon tombe enfin, on observe parfois quelques gouttes de sang, qui ne tardent pas à sécher. Peu importe que le nombril soit convexe ou concave – les deux sont parfaitement normaux.

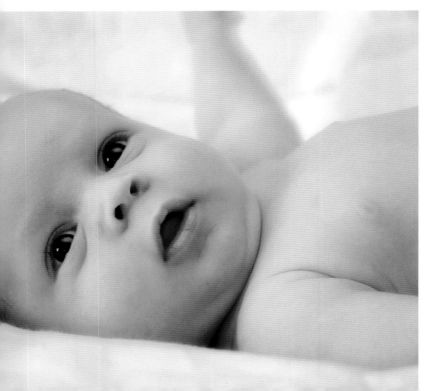

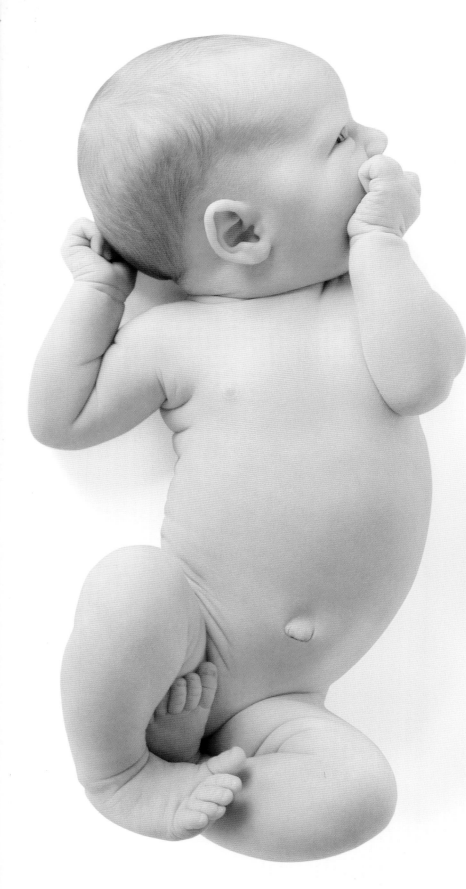

les hormones maternelles

Dans 4 ou 5 % des cas, les mamelons du bébé
– fille comme garçon – laissent échapper du lait.
Cet écoulement est dû à la stimulation de ses seins
par des taux inhabituellement élevés d'hormones
maternelles qui ont filtré à travers le placenta pendant
la grossesse et restent dans son système pendant
les premiers jours suivant sa naissance. Dans ce cas,
un léger gonflement, ou nodule, apparaît sous le
mamelon. Il vaut mieux ne pas y toucher. Tout rentre
dans l'ordre au bout de quelques semaines.

Toujours à cause de la présence des hormones
de la mère dans leur système pendant leurs
premières semaines de vie, les nouveau-nés, qu'ils
soient de sexe féminin ou masculin, présentent
parfois des parties génitales disproportionnées,
notamment le scrotum des garçons.

la forme du corps

À sa naissance, le bébé a les membres très courts.
Leur longueur relative par rapport au reste du corps
augmentera jusqu'à l'âge adulte. Les épaules
et les hanches du nouveau-né sont étroites.
La tête paraît énorme – elle représente un quart
de la longueur totale du corps, contre un huitième
chez l'adulte. Pendant les premiers jours, au lieu
de croître, le poids du bébé peut parfois diminuer
de 5 % car il absorbe moins de fluides. Le lait
de la mère ne monte pas tout de suite, et pendant
les premiers jours l'enfant doit se nourrir du
colostrum, plus concentré. Il retrouvera son poids
de naissance au bout d'une dizaine de jours
et commencera alors à grossir de façon régulière.

la tête du bébé

La grosse tête du bébé pose un sérieux problème à sa mère au moment de la mise au monde. Quand la femme préhistorique s'est dressée pour la première fois sur ses « pattes » arrière pour marcher, son pelvis a commencé à s'adapter à la position verticale. Le vagin a rétréci, compliquant les accouchements. Si le crâne du fœtus était large et rigide, la mise au monde serait trop pénible. L'évolution a donc trouvé une forme d'adaptation qui facilite le passage du bébé à l'air libre.

un crâne modifié

Au moment de la naissance, le crâne du bébé est étonnamment mou. Même si, par la suite, il doit se transformer en un casque rigide capable de protéger le cerveau, à ce stade, ce qui compte, c'est qu'il réussisse à passer par le vagin de la mère. La souplesse des os aide, mais ce n'est pas la seule raison. La boîte crânienne est divisée en un certain nombre de plaques qui peuvent se chevaucher, donnant à la tête du bébé une forme plus mince et allongée au moment du passage dans le vagin. La mobilité de la mâchoire facilite elle aussi le processus.

des déformations naturelles

La merveilleuse souplesse de son crâne peut donner au nouveau-né un air légèrement meurtri et asymétrique. Ces déformations sont naturelles et ne tarderont pas à disparaître. En quelques jours, le crâne retrouve une forme normale, les plaques osseuses molles ayant peu à peu repris leur place. Même quand la mise au monde a été particulièrement difficile, le remodelage du crâne ne prend que quelques semaines. La déformation de la boîte crânienne est plus prononcée quand il s'agit d'un premier enfant. Le passage vaginal devient de plus en plus facile à chaque nouvel accouchement jusqu'à ce que l'on n'observe plus de déformation du tout.

Après la naissance, le crâne du bébé met plusieurs mois à se durcir pour devenir la boîte protectrice dont le cerveau a besoin. Pendant cette phase critique, l'enfant est extrêmement vulnérable, et sa mère doit protéger sa tête avec le plus grand soin.

les parties vulnérables

Après la naissance, les plaques osseuses du crâne du bébé restent légèrement écartées pendant un certain temps. Les interstices qui les séparent sont recouverts d'un épais tissu membraneux suffisamment solide pour résister à toutes les atteintes, sauf à un coup direct. Cependant, en six endroits, ces étroits interstices s'élargissent pour former des espaces membraneux appelés « fontanelles ».

Les deux principales fontanelles sont placées au sommet de la tête. La fontanelle antérieure se situe en haut du front, la fontanelle postérieure à l'arrière de la tête en haut. Les quatre fontanelles restantes, moins importantes, sont couplées. La paire antérieure est située de part et d'autre des tempes ; l'autre paire se trouve à l'opposé, derrière la tête. Parfois, on voit le pouls du bébé battre à travers la principale fontanelle antérieure.

Ces points faibles disparaissent peu à peu à mesure que les plaques osseuses s'étendent vers l'extérieur, se rapprochant les unes des autres. Elles finissent par se toucher et par se souder au point de jonction. Ces soudures se durcissent jusqu'à ce que toute la boîte crânienne forme un casque résistant. Le processus peut prendre plus ou moins de temps selon les cas, le délai le plus bref étant de quatre mois et le plus long de quatre ans. En moyenne, il dure de dix-huit à vingt-quatre mois.

la peau du nouveau-né

À la naissance, le bébé est très vulnérable. Sans pelage pour le protéger comme les autres mammifères, il doit affronter la dureté du monde extérieur avec une peau nue extrêmement fragile. Heureusement, des linges chauds et douillets l'attendent dès sa sortie de l'utérus ; en outre, la nature a prévu une couche protectrice spéciale.

le vernix

À sa naissance, le nouveau-né est recouvert d'une matière sébacée blanchâtre qui fait office de lubrifiant pendant l'accouchement et sans laquelle il serait pratiquement impossible à l'enfant de passer par l'étroit vagin de sa mère. Le terme scientifique qui sert à désigner cet enduit gras est *Vernix caseosa*, une latinisation de « vernis caséeux ». Il doit sa couleur blanchâtre au mélange de squames et de sécrétions des glandes sébacées du fœtus dont il est formé. Les glandes sébacées sont particulièrement actives pendant les derniers mois de la vie intra-utérine, de sorte que, au moment de la naissance, le fœtus est entièrement recouvert de cette pellicule huileuse.

Après la naissance, le *Vernix caseosa* joue le rôle de couche isolante temporaire, aidant le nouveau-né à supporter la chute de température brutale consécutive à son expulsion de l'utérus. Il fait également office de barrière défensive, protégeant la peau nue de l'enfant des infections mineures pendant ses premiers jours à l'air libre.

Certaines mères laissent le vernix en place jusqu'à ce qu'il disparaisse de lui-même au bout de quelques jours. Mais le personnel médical préfère souvent nettoyer la peau du nouveau-né dès que possible en le baignant dans l'eau chaude. Grâce à l'hygiène moderne, cette perte prématurée du vernix reste sans conséquences.

le lanugo

Pendant les derniers mois de vie intra-utérine, juste avant que la couche de vernix ne se mette en place, les follicules pileux du fœtus entrent en action, conduisant à l'abondante sécrétion nécessaire pour former le vernix. Cette soudaine explosion d'activité entraîne également l'apparition d'un fin duvet appelé « lanugo ».

Tous les fœtus présentent ce revêtement pileux vers la fin de leur vie intra-utérine – c'est une phase parfaitement naturelle du cycle de la vie humaine –, et chez presque tous il disparaît avant la naissance, ne laissant derrière lui que le vernix indispensable à l'accouchement. Chez un certain nombre de bébés, cependant, la disparition de ce duvet laineux est plus lente et peut même intervenir après la naissance. Chez certains nouveau-nés, tout le corps est recouvert, sauf la paume des mains et la plante des pieds. Chez d'autres, seuls le visage, les épaules et le dos sont velus ; chez les derniers enfin, le lanugo ne concerne que les épaules et le dos.

Certaines mères sont étonnées par ce duvet sur le corps de leur bébé, mais le lanugo disparaît en quelques jours, au pire quelques semaines. Le phénomène s'observe surtout chez les prématurés nés au stade où tous les fœtus possèdent ce revêtement pileux ; celui-ci leur assure une couche isolante qui pallie l'absence de vernix, puisque ce dernier n'a pas eu le temps de se former.

la température corporelle

L'être humain est apparu sous des latitudes chaudes où le contrôle de la température corporelle ne posait pas de problème majeur. Cependant, en se répandant à travers le monde, nos ancêtres se sont exposés à des climats extrêmes, ce qui les a obligés à trouver des solutions pour se protéger du froid ou des chaleurs excessives. Aujourd'hui, les adultes s'adaptent à la température extérieure, particulièrement au Québec, en revêtant d'épais vêtements ou au contraire en restant à l'ombre. Mais le nouveau-né n'a pas ces possibilités, et l'assistance de ses parents lui est indispensable.

la bonne température

Tous les bébés sont exposés aux difficultés de contrôle de la température, aussi est-il essentiel de bien connaître leurs besoins. Ce qu'il faut, c'est maintenir une « température thermale neutre » – le niveau où l'enfant peut maintenir sa température corporelle avec un minimum d'effort. Pour le nouveau-né entièrement nu, ce niveau s'élève à 32 °C, mais dès que le bébé est enveloppé dans des linges douillets, le niveau tombe à 24 °C. Dès les premières semaines suivant sa naissance, l'enfant commence à améliorer le contrôle de sa température corporelle et, s'il est bien vêtu, il peut se sentir parfaitement à l'aise à 21 °C.

une arme secrète précieuse

Le bébé né à terme dispose d'un mécanisme de contrôle thermique qui lui est propre : le tissu adipeux brun. À la naissance, celui-ci représente 5 % de la masse corporelle du bébé. Situé au niveau du dos, des épaules et du cou, il libère la chaleur par le biais d'un processus chimique particulier dès qu'il y a refroidissement excessif. À mesure que l'enfant grandit et développe d'autres mécanismes de contrôle thermique, le tissu adipeux brun se transforme en graisse blanche ordinaire.

trop chaud

Quand le bébé a trop chaud, il essaie de repousser ses couvertures en donnant des coups de pied, mais il ne peut pas se débarrasser de ses vêtements. En outre, il n'est pas encore capable de se déplacer pour aller vers un endroit plus frais. S'il se met à crier pour exprimer son malaise, la dépense d'énergie ainsi occasionnée fait encore monter sa température corporelle en élevant son métabolisme. Et si à ce moment-là les parents, croyant qu'il a faim, lui donnent du lait chaud, ils ne font qu'aggraver le problème. Chez l'adulte, une boisson chaude entraîne une sudation qui rafraîchit le corps, mais, pendant ses deux premières années de vie, le nourrisson est peu pourvu en glandes sudoripares. De surcroît, ses généreuses couches de graisse, destinées à le protéger du froid, l'empêchent de se rafraîchir lorsqu'il a trop chaud.

refroidissement

Le refroidissement est un autre danger. Si le bébé est profondément endormi, son métabolisme est lent à réagir à une importante chute de température. C'est seulement à son réveil qu'il sent le froid et se met à crier. Lorsque les parents sont enfin alertés, sa température corporelle a donc eu le temps de baisser de façon excessive. De surcroît, l'enfant n'est pas encore capable de frissonner pour la faire remonter.

les prématurés

Les risques de refroidissement sont encore plus importants chez les prématurés, qui n'ont pas eu le temps de développer les couches de tissu adipeux brun essentielles pour le maintien d'une température corporelle suffisamment élevée et qui peuvent donc se refroidir rapidement si la température de la pièce est trop basse. Les incubateurs utilisés pour les prématurés sont généralement tenus à 32 °C, mais il faut que les thermostats soient parfaitement réglés, car quelques degrés de trop peuvent conduire à de sérieux désagréments.

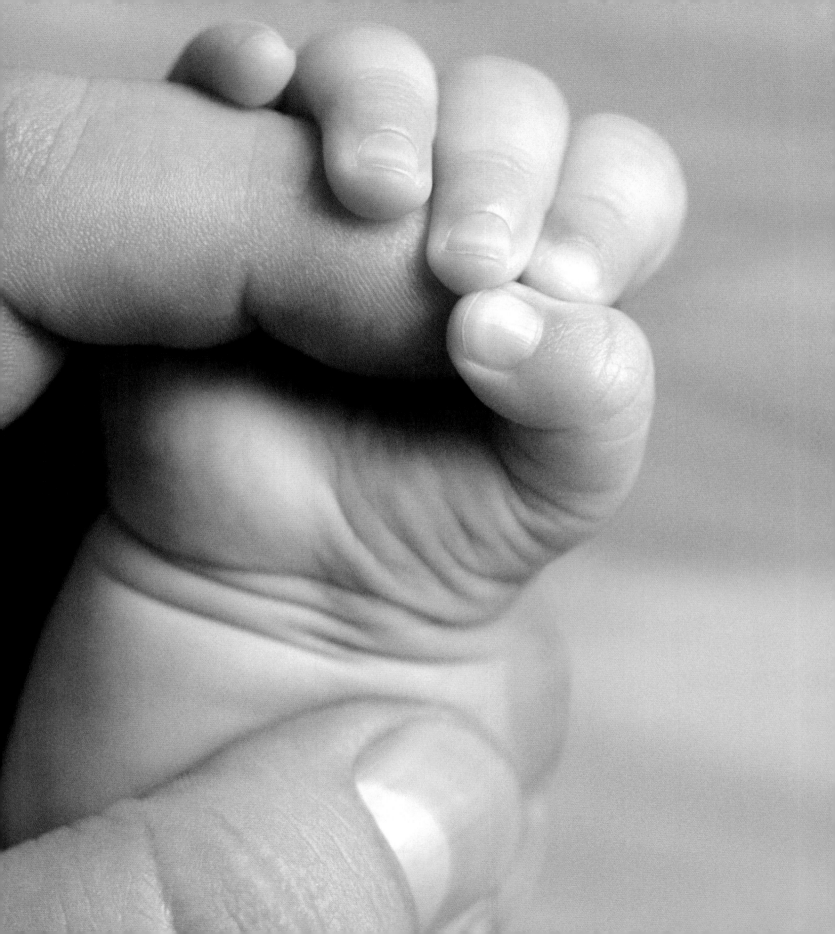

les réflexes du bébé

Le bébé vient au monde avec plusieurs réflexes contrôlés par la partie la plus ancienne du cerceau (celle que nous partageons avec les autres animaux). Bien que ces comportements moteurs automatiques soient présents dès la naissance, ils ne tardent pas à disparaître, à l'exception du réflexe de sursaut, pour laisser place à des mouvements variables contrôlés par la partie la plus avancée du cerveau. Ces réflexes archaïques sont un rappel de notre lointain passé.

Le réflexe de Moro

Lorsqu'un nouveau-né tombe, il écarte les bras et ouvre les mains en écartant les doigts aussi largement que possible. Puis, il ramène ses bras devant lui comme pour enlacer quelque chose. S'il a les jambes libres, il fait la même chose avec elles. On observe exactement les mêmes mouvements chez un bébé singe qui glisse du corps de sa mère et essaie de se raccrocher à sa fourrure.

À mesure que la mère ancestrale devenait moins velue, ce réflexe a perdu son sens initial et a commencé à s'estomper. Toutefois, il subsiste toujours sous une forme tronquée, et l'ébauche de mouvement qui l'a remplacé sert à alerter la mère que son bébé éprouve soudain un sentiment d'insécurité.

Ce réflexe présente aussi un intérêt médical en permettant au médecin de s'assurer du bon fonctionnement des membres du nouveau-né. Quand un bébé en bonne santé perd l'équilibre, il écarte les bras et les jambes de façon symétrique. En faisant croire à l'enfant qu'il tombe, le médecin peut vérifier si ses membres s'ouvrent à angle égal.

Le réflexe de Moro ne persiste pas longtemps. Il est présent chez tous les nouveau-nés, et 97 % d'entre eux le gardent jusqu'à l'âge de six semaines. Puis, il commence à s'estomper pour disparaître complètement entre l'âge de deux mois au plus tôt et six mois au plus tard – en moyenne, trois ou quatre mois.

le réflexe d'agrippement

La réaction automatique la plus surprenante du nouveau-né est le réflexe d'agrippement ou réflexe palmaire. Ce réflexe nous ramène à la lointaine époque où nos ancêtres étaient encore velus et où les petits s'accrochaient à leur fourrure pour se faire porter. Quand on pose l'index au creux de la paume d'un nouveau-né, ses minuscules doigts se referment sur celui de l'adulte en le serrant. Ce qui est extraordinaire, c'est que, si le père ou la mère s'avise alors de lever l'index emprisonné dans la main du bébé, ce dernier, apparemment si vulnérable, s'agrippe de toutes ses forces au point que l'on peut même le soulever en l'air sans lui faire lâcher prise, ses petits doigts recourbés supportant tout son poids !

Chez certains nouveau-nés particulièrement précoces, ce réflexe peut disparaître en moins d'une semaine, mais, chez la plupart des bébés, il persiste plusieurs semaines ou même plusieurs mois. À six mois, il n'en reste plus rien, et il faudra attendre un certain temps avant que l'enfant apprenne à agripper volontairement les objets quand il commencera à explorer son environnement avec ses mains (voir « Les mains », page 68).

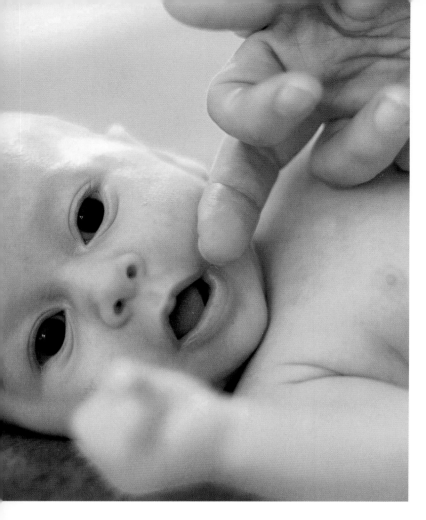

le réflexe de marche automatique

Quand on soulève un bébé en le tenant sous les bras,
il ébauche un pas en avant comme s'il essayait de marcher.
Ce réflexe disparaît vers l'âge de trois mois.

le réflexe de fouissement

Le réflexe de fouissement précède l'allaitement : le bébé
pose sa joue sur une surface douce et agréable. Le contact
du mamelon ou du sein ou même une légère caresse du doigt
provoque cette réaction. Le nourrisson tourne
automatiquement la tête du côté du stimulus en faisant
une moue boudeuse avec ses lèvres. La mère peut
le préparer à téter en lui touchant doucement la joue avant
de lui donner le sein.

le réflexe de succion

Le réflexe de succion est présent chez tous les bébés,
même pendant la vie intra-utérine. Après la naissance,
ce réflexe est stimulé par tout ce qui touche le palais
de l'enfant, lui permettant d'emprisonner le mamelon entre
ses lèvres suffisamment fort pour téter. Ce réflexe cède
la place à des mouvements volontaires vers l'âge de deux
à quatre mois.

le réflexe tonique du cou

Le réflexe tonique du cou se manifeste lorsque le bébé est
couché sur le dos. Quand il tourne la tête, ce mouvement
provoque une extension des membres placés de ce côté et
une flexion des membres placés du côté opposé. Ce réflexe
peut être présent dès la naissance ou se manifester à partir
de l'âge de deux mois. Il persiste environ quatre mois.

le réflexe de sursaut

Le bébé sursaute dès qu'il entend un bruit fort et inattendu
à côté de lui. Il se raidit et se voûte en levant les bras
comme pour se protéger d'une agression. Le réflexe de
sursaut est essentiellement une réaction d'autoprotection
et ne disparaîtra pas au bout de quelques mois comme les
autres réflexes archaïques. Au contraire, il tendra même
à s'intensifier à l'âge adulte.

le réflexe plantaire

Quand on caresse la plante des pieds d'un bébé, il réagit
en écartant les orteils et en rentrant les pieds vers
l'intérieur. Ce réflexe est dû au développement incomplet
de son système nerveux. Entre six et dix-huit mois,
il recroquevillera les orteils comme un adulte.

nager

Le nouveau-né est physiquement impuissant et passe une grande partie de son temps dans la position fœtale, qui lui est familière depuis la vie intra-utérine. Ses petits poings restent fermés, et il recroqueville les orteils. Quand on le déshabille, il agite les bras et les jambes, et, si l'on approche un doigt de sa bouche, il le tète. Il est incapable de se déplacer, sauf dans l'eau.

les bébés nageurs

L'une des découvertes récentes les plus étonnantes est que les nouveau-nés savent nager. Des expériences ont montré que, lorsqu'on plonge un bébé dans l'eau chaude en le soutenant d'une main sous le ventre, il ne manifeste aucun signe de panique, mais retient automatiquement sa respiration et flotte dans l'eau les yeux grands ouverts. Si l'on retire tout doucement la main placée sous son ventre, il se met automatiquement à faire des mouvements de natation avec les bras et les jambes.

Ainsi, même s'il ne peut pas se déplacer à l'air libre, le nouveau-né se montre soudain remarquablement mobile dès qu'il est immergé. Il est capable, dès la naissance et sans qu'on le lui apprenne, d'exécuter des mouvements de natation bien organisés qui le propulsent en avant. En d'autres termes, il sait nager avant de savoir marcher. Comment expliquer ce phénomène ?

retour dans l'utérus ?

La réponse qui se présente d'abord à l'esprit est que le bébé se sent à l'aise dans l'eau parce qu'elle lui rappelle le monde liquide de la vie intra-utérine. Cette explication est pourtant insuffisante. Dans l'utérus, le bébé n'utilisait pas ses poumons, et pourtant, quand on le plonge dans l'eau, il est capable de contrôler sa respiration. Dès que sa bouche est immergée, il retient automatiquement son souffle. En outre, il n'y a pas de place pour bouger dans l'utérus : or, dans l'eau, le bébé exécute avec ses membres des mouvements coordonnés qui lui permettent de se déplacer.

nos origines aquatiques

Les dons de nageurs des bébés sont donc sans doute un vestige d'une des phases les plus primitives de notre évolution, une réminiscence de l'époque où nos ancêtres étaient encore des créatures aquatiques. Malheureusement, cette aptitude archaïque ne dure pas. Dès que l'enfant atteint trois ou quatre mois, elle disparaît. Dès lors, le bébé panique lorsqu'on le met dans l'eau, et il lui faudra beaucoup de temps pour retrouver ses talents de nageur. Mais lorsqu'il saura à nouveau nager, quelques années plus tard, ce sera totalement différent : il s'agira alors d'une aptitude acquise, au prix d'un apprentissage progressif.

Rappelons que laisser un nouveau-né nager exige les plus grandes précautions. En effet, un bébé peut se noyer dans quelques centimètres d'eau à peine. Un adulte doit toujours le surveiller, prêt à intervenir. En outre, l'eau doit être beaucoup plus chaude que celle des piscines. Mais, surtout, il ne faut jamais laisser un bébé nager dans une eau chlorée. Comme il garde les paupières ouvertes lorsqu'il est immergé, les produits chimiques corrosifs risquent de lui abîmer les yeux. C'est pour l'ensemble de ces raisons qu'il est extrêmement rare de pouvoir faire nager un nouveau-né. On peut le regretter à certains égards, car c'est véritablement une expérience fascinante.

les systèmes de l'organisme

Dès que le cordon ombilical est sectionné et que le nouveau-né commence à respirer,
ses organes internes se mettent à fonctionner, faisant de lui un être indépendant.
Le système sanguin sera le premier à se réorganiser.

l'organisme pré-respiratoire

Pendant la vie intra-utérine, la nutrition du fœtus et son alimentation en oxygène sont assurées par une veine présente dans le cordon ombilical. Cette veine permet également l'alimentation sanguine du bébé, principalement par le biais du foie, mais aussi directement par le canal d'un vaisseau sanguin spécial, le conduit veineux. Le cœur abrite une circulation fœtale spéciale qui fait intervenir une ouverture entre l'oreillette gauche et l'oreillette droite, permettant de réduire l'afflux sanguin en direction des poumons inactifs. Cet afflux est également réduit par la présence d'un conduit artériel qui fait office de vaisseau de déviation. La circulation sanguine du bébé est ainsi adaptée à son état pré-respiratoire. Une fois que le sang a circulé tout autour de son organisme, les déchets et le gaz carbonique sont renvoyés dans le corps de la mère via les artères ombilicales.

première respiration

Lorsqu'ils contemplent leur nouveau-né, les parents émerveillés n'ont pas la moindre idée des changements extraordinaires qui se produisent à l'intérieur de son corps minuscule. Quand le cordon ombilical est sectionné, interrompant l'arrivée d'oxygène en provenance de la mère, la soudaine élévation du taux de gaz carbonique dans son organisme déclenche une réaction violente : ses poumons affaissés se dilatent brusquement et inspirent l'air. Dès que le bébé commence à respirer, d'autres changements suivent. L'ouverture de son cœur se ferme, de même que les conduits veineux et artériels et que les vaisseaux sanguins conduisant au cordon ombilical. Brusquement, les organes du bébé envoient beaucoup plus de sang vers les poumons. En très peu de temps,

le nouveau-né a acquis une version miniature du système sanguin adulte. Et tout cela se produit à l'insu des parents qui contemplent cette petite forme apparemment impuissante sans se douter de quoi que ce soit !

les pulsations cardiaques du bébé

À la naissance, le cœur du bébé bat à raison de 180 pulsations par minute. Dans les quelques heures qui suivent, ce rythme tombe à 140 pulsations. Pendant la première

année de vie, il continue progressivement de s'abaisser. À l'âge d'un an, le cœur de l'enfant bat encore à raison de 115 pulsations par minute, bien plus vite que celui des adultes (70-80 pulsations par minute) : le rythme cardiaque de l'enfant au repos est le même que celui de l'adulte en train de se livrer à un exercice physique fatigant.

le système digestif

L'estomac du nouveau-né est minuscule, mais, dès que le système respiratoire se met à fonctionner et que le bébé inspire l'air, il se dilate, devenant quatre ou cinq fois plus grand. Parallèlement, sa position dans l'abdomen du bébé change. Sa capacité à la naissance est d'environ 30-35 ml ;

elle double dans la première semaine avec la montée du lait. Dès la fin du premier mois, la taille de l'estomac a triplé, mais cela ne représente qu'un dixième de ce qu'elle sera à l'âge adulte.

Les intestins du nouveau-né mesurent environ 340 cm de long. Cela peut paraître beaucoup, mais cette longueur aura doublé à l'âge adulte. Les parois intestinales sont extraordinairement fines et faiblement musclées, de sorte que le bébé ne pourra pas absorber d'aliments solides avant quatre mois. Mais même s'il est peu développé à ce stade, son système digestif possède toutes les capacités fonctionnelles nécessaires pour traiter les aliments liquides.

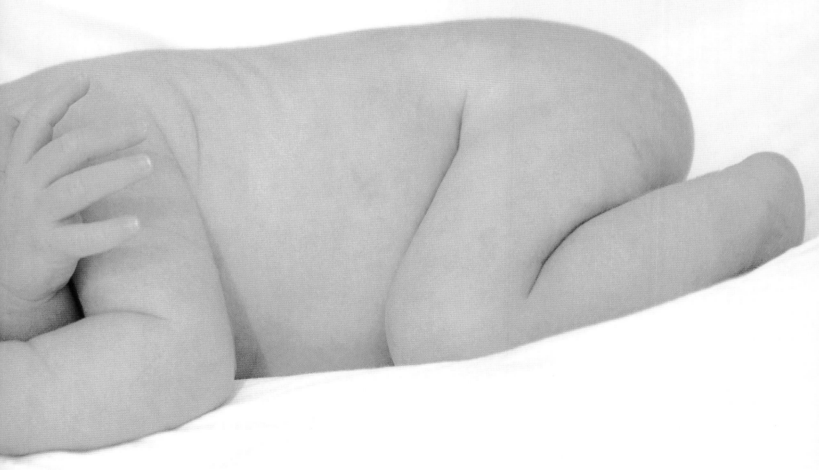

s'attacher

Le nouveau-né est programmé pour concentrer toute son attention sur un seul adulte
– le plus souvent sa mère. Cette figure protectrice ou « personne de référence » prend de plus
en plus d'importance à mesure que l'enfant grandit, et un lien étroit s'établit entre les deux.
Les bébés privés de ce lien risquent de présenter de graves troubles affectifs par la suite.

les premiers liens

Dans les premiers mois suivant sa venue au monde, le bébé humain n'est pas particulièrement sélectif. Il se laisse volontiers cajoler par n'importe quel adulte aimant. À cet égard, il accuse un certain retard par rapport à la plupart des autres mammifères, chez qui le nouveau-né s'attache à sa mère dès la naissance. C'est seulement vers l'âge de six mois (mais cela peut varier entre quatre et huit mois) que le nourrisson commence à se montrer plus difficile quant au choix de la personne à qui il accorde sa confiance.

C'est également vers cette époque qu'apparaît la peur de la séparation, et entre sept et neuf mois le bébé peut se mettre à hurler dès qu'un étranger essaie de le prendre dans ses bras. Parallèlement, la mère devient parfois plus possessive, et il arrive que tous deux se sentent angoissés en cas de séparation. Le lien est désormais formé et il persistera pendant de longues années.

une odeur particulière

Le lien qui unit la mère et l'enfant est fondé sur des facultés très anciennes. L'hormone ocytocine y participe (voir « Glandes et hormones », page 42), de même que l'odorat. On ne peut confirmer avec certitude si le bébé peut identifier sa mère grâce à son odeur. Mais des expériences ont montré que le nourrisson réagit positivement à l'odeur des seins de sa mère et qu'il ignore les coussinets imprégnés de lait maternel utilisés par d'autres femmes. On a également constaté qu'une femme aux yeux bandés peut reconnaître son enfant parmi une foule d'autres enfants grâce à son odeur.

le pouvoir de la voix

Même endormie, la mère est capable de reconnaître la voix de son enfant. Cette forme de lien affectif passe souvent inaperçue dans le monde moderne, où il n'y a en général qu'un nouveau-né par foyer et où cette faculté ne sert pas à grand-chose. Mais dans les tribus archaïques, où l'on vivait dans de petites huttes, chaque mère pouvait entendre les cris de tous les bébés du village au milieu de la nuit. Si elle avait dû se réveiller chaque fois que l'un d'entre eux réclamait le sein, elle n'aurait jamais pu dormir. Aussi l'évolution l'a-t-elle dotée de la faculté de reconnaître les cris de son nourrisson même dans son sommeil.

Le bébé est lui aussi particulièrement réceptif à la voix de sa mère. La plupart des femmes préfèrent poser la tête de leur nouveau-né sur leur sein gauche pour le bercer. Le résultat est que l'oreille gauche de l'enfant reçoit mieux la voix de la mère lorsqu'elle parle ou chantonne des berceuses ; et c'est elle qui transmet les informations à l'hémisphère droit du cerveau, plus réceptif au contenu émotionnel des sons.

la formation du lien affectif

Le lien affectif entre la mère et l'enfant est donc fondé non seulement sur la reconnaissance visuelle, mais aussi sur les sons et les odeurs. Cela montre à quel point le processus qui conduit à sa formation est archaïque et combien il est important de passer le plus de temps possible avec son bébé pendant ses premiers mois de vie extra-utérine.

les sens

Même si le nouveau-né dépend complètement de ses parents, ses cinq sens sont déjà prêts
à recevoir toutes les informations nécessaires pour lui permettre, plus tard, de se débrouiller
tout seul. Son cerveau établit des liens essentiels entre les cellules nerveuses, et, au fil
des jours, tout ce qu'il voit, entend, touche, sent et goûte se charge progressivement
de signification, créant un réseau de cellules qui lui est propre.

la vue

Les nouveau-nés voient mieux qu'on ne l'a cru jusqu'ici.
Même dans l'utérus, le fœtus perçoit la différence entre
l'obscurité et la lumière. À sa naissance, le bébé voit jusqu'à
une distance de 20-25 cm, ce qui lui permet de reconnaître
le visage de sa mère quand elle le prend dans ses bras. Il peut
sans doute apercevoir les objets jusqu'à une distance de
6 mètres. Il voit mieux les images contrastées en noir et blanc,
mais il distingue aussi les couleurs primaires vives (même si
les cellules oculaires permettant la détection des couleurs ne
se développent convenablement que deux mois plus tard).
L'intérêt qu'il porte au visage humain est évident – les études
montrent que les nouveau-nés s'intéressent plus à un dessin
de visage qu'à un motif tracé au hasard, et surtout qu'ils
préfèrent un visage souriant à un visage renfrogné !

Non seulement les yeux du bébé sont proportionnellement
plus grands que ceux de l'adulte, mais ses pupilles aussi
sont plus larges, ce qui le rend très émouvant ! L'hérédité a
une grande influence sur la couleur de l'iris, mais beaucoup
d'enfants naissent avec les yeux bleus, car les pigments
verts ou marron sont stimulés par la lumière et mettent
environ six mois à se développer.

l'ouïe

Les études montrent que l'oreille interne est le seul organe
sensoriel pleinement développé avant la naissance de l'enfant
– elle atteint sa taille adulte dès le milieu de la grossesse.
Dans les premiers instants qui suivent sa venue au monde,
le nouveau-né est effrayé et se met à crier s'il entend du bruit.
Son ouïe est si fine qu'il reconnaît la voix de sa mère ainsi
que les musiques ou les sons entendus pendant sa vie intra-
utérine. Il témoigne plus d'intérêt à la parole humaine
qu'aux autres sons et préfère les voix aiguës.

le toucher

L'embryon devient sensible au toucher peu après
sa conception. Dès la trente-deuxième semaine, toutes
les parties de son corps répondent aux stimulations
tactiles. Avec environ 50 récepteurs tactiles par centimètre
carré (environ cinq millions en tout) et plus de 100 types
de récepteurs différents, l'embryon réagit aux pressions,
à la douleur, aux vibrations et aux variations de température.

le goût

Dans l'utérus, le fœtus avale du liquide amniotique qui
contient des traces de l'alimentation de sa mère. Le bébé
possède environ 10 000 papilles gustatives (beaucoup plus
que l'adulte), qui tapissent non seulement sa langue,
mais aussi les parois latérales de sa bouche et de son palais.
Ces papilles gustatives finissent par disparaître. Le bébé
distingue les saveurs très tôt, avec une préférence marquée
pour le sucré.

l'odorat

On ne sait pas avec certitude dans quelle mesure le
nouveau-né est sensible aux odeurs de son environnement,
mais des études menées sur des bébés âgés de deux jours
montrent qu'ils réagissent à certaines odeurs comme celles
de l'ail et du vinaigre. Si l'on approche un coussinet
imprégné de lait maternel d'un enfant de cinq jours,
il tourne automatiquement la tête vers lui ; à dix jours,
le bébé reconnaît l'odeur du lait de sa mère et la préfère
à celle du lait des autres femmes. Cette faculté l'aide à se
protéger de la faim. Même dans l'obscurité, il est capable
d'identifier sa source de nourriture et de se tourner vers
elle. La rapidité avec laquelle le nouveau-né apprend
à reconnaître l'odeur de sa mère est étonnante : il lui faut
en moyenne moins de 45 heures.

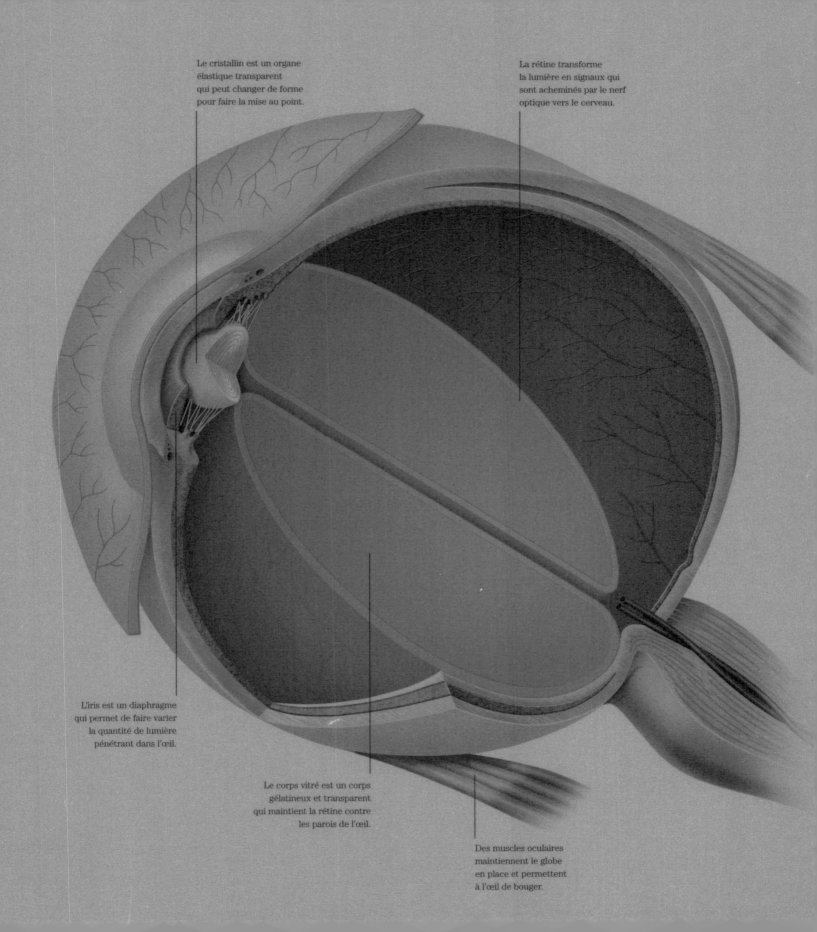

Le cristallin est un organe
élastique transparent
qui peut changer de forme
pour faire la mise au point.

La rétine transforme
la lumière en signaux qui
sont acheminés par le nerf
optique vers le cerveau.

L'iris est un diaphragme
qui permet de faire varier
la quantité de lumière
pénétrant dans l'œil.

Le corps vitré est un corps
gélatineux et transparent
qui maintient la rétine contre
les parois de l'œil.

Des muscles oculaires
maintiennent le globe
en place et permettent
à l'œil de bouger.

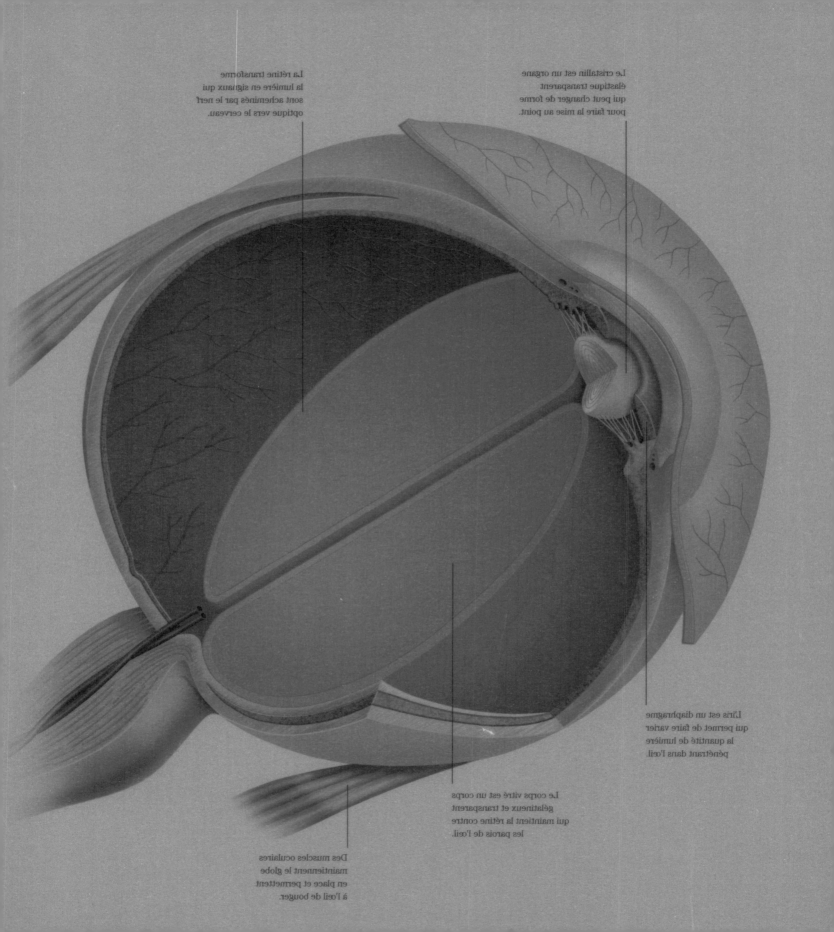

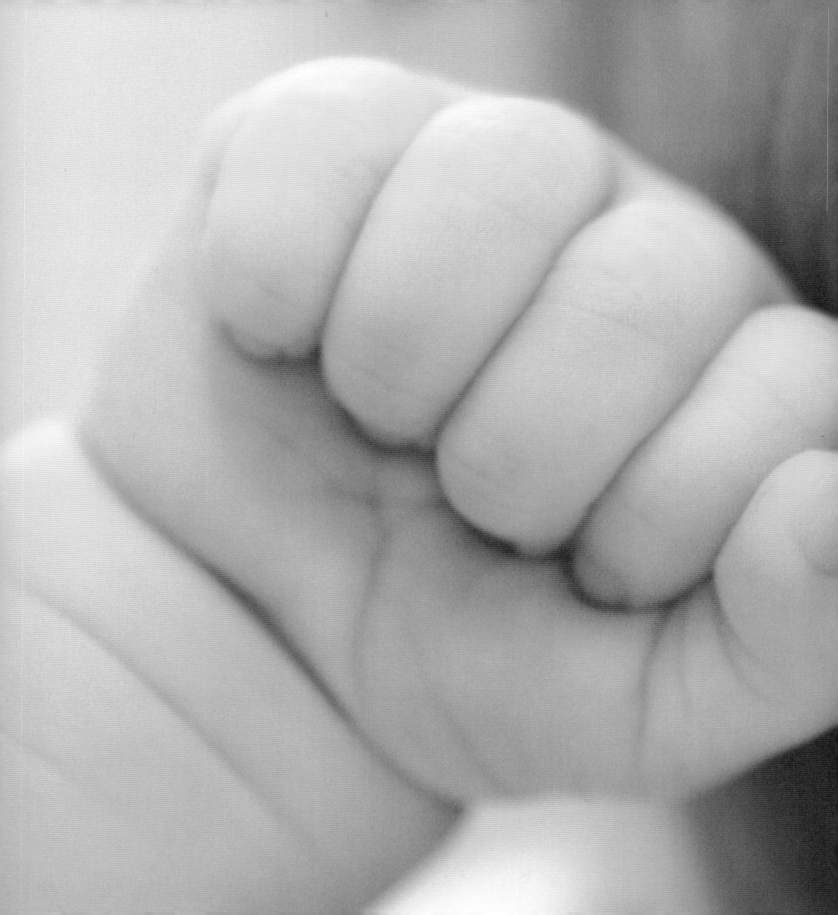

la croissance
du bébé

la gestation

La plupart des mammifères donnent naissance à toute une portée, mais chez l'être humain, la mère n'accouche en général que d'un seul petit à la fois. Cependant, si elle n'interfère pas avec la nature, elle se retrouve de nouveau enceinte alors que son premier enfant est encore en bas âge. Elle donne ainsi naissance à plusieurs enfants de différents âges qui ont tous besoin de son attention. Même si les naissances multiples sont très rares chez l'humain, il arrive que la mère ait à s'occuper d'une famille nombreuse… et très exigeante !

la période de gestation

On sait que, chez l'être humain, la période qui sépare la conception de la mise au monde dure neuf mois, mais ce n'est là qu'une moyenne. La durée de gestation varie considérablement d'une femme à l'autre, et un bébé parfaitement sain peut naître entre le 240e et le 293e jour (34 et 42 semaines) après la fécondation de l'ovule. S'il naît après une grossesse de moins de 240 jours, on le qualifie de « prématuré ». S'il naît après plus de 293 jours, on dit qu'il est en retard ou que la mère a « dépassé le terme ». Le délai le plus courant entre la conception et la naissance est de 266 jours (38 semaines) ou, pour celles qui essaient de prévoir le jour exact de l'heureux événement, de 280 jours (40 semaines) après les dernières menstruations.

variantes

Bizarrement, le fœtus femelle semble plus réticent à quitter la chaleur douillette de l'utérus que le fœtus mâle. Les filles passent en moyenne un jour de plus que les garçons dans l'utérus. Il existe aussi des différences liées aux peuples. Les enfants blancs passent en moyenne cinq jours de plus dans le ventre de leur mère que les enfants noirs, tandis que les petits Indiens passent six jours de plus dans l'utérus que les bébés blancs. On a parfois émis l'hypothèse que ces différences seraient dues à la taille des bébés ou à la situation économique des mères, mais c'est faux. Les causes sont d'ordre purement ethnique, et personne n'est capable de les expliquer réellement.

les conditions optimales

Le fœtus a plus de chances de survivre à la gestation quand sa mère a l'« âge de fécondité », c'est-à-dire 22 ans. C'est là que le nombre de fausses couches est le plus bas – 12 sur 1 000 seulement. L'accouchement est également plus facile chez les mères âgées de 18 à 30 ans. Les risques augmentent avec l'âge de la mère, mais, même à 45 ans, le nombre de fausses couches n'est que de 47 pour 1 000. Certaines femmes réussissent encore à donner la vie dans la cinquantaine, mais c'est beaucoup plus rare, l'âge moyen de la ménopause se situant aux alentours de 51 ans.

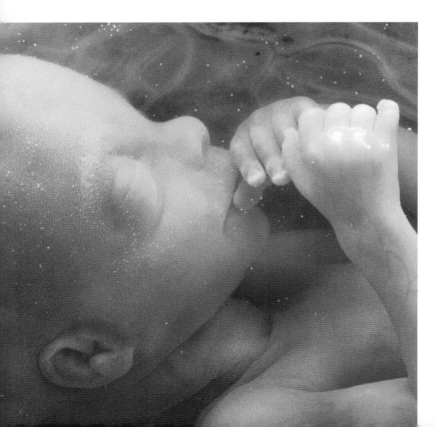

le développement du fœtus

Dans l'utérus, le fœtus se développe à une vitesse étonnante, mais nous ne le voyons pas. Nous observons seulement que le ventre de la mère est de plus en plus rond à mesure que la délivrance approche. Grâce à la technologie moderne, nous savons cependant beaucoup de choses sur les différentes phases de la grossesse, depuis la fécondation jusqu'à la naissance.

1re semaine

Quand l'ovule est fertilisé par un spermatozoïde, il forme un zygote. Celui-ci se divise en un certain nombre de cellules et finit par devenir creux. On l'appelle alors un « blastocyste ». Le blastocyste descend dans la trompe de Fallope et se fixe sur la paroi de l'utérus : c'est ce que l'on nomme l'implantation. Quand le blastocyste se divise en deux, on obtient des jumeaux identiques. Ce phénomène rare intervient entre le cinquième et le neuvième jour ; s'il se produit après le neuvième jour, on risque d'avoir des enfants siamois.

Certaines cellules externes de l'embryon s'incrustent profondément dans la paroi utérine : ce sont elles qui formeront le placenta. Dès que les cellules divisées commencent à se différencier, un sillon apparaît à la place de la future colonne vertébrale. À trois semaines, l'embryon mesure 4 mm et s'incurve déjà en forme de C. Le renflement du cœur se forme et commence à palpiter. On distingue des protubérances correspondant aux bras, et à ce stade l'embryon a une queue. À quatre semaines, il mesure 8 mm de long, et les principaux organes commencent à se différencier. Les yeux se forment, les fosses nasales se creusent. On distingue des sortes de bourgeons à la place des jambes, et des mains en forme de pagaie se dessinent à l'extrémité des bras.

5e semaine

Dès la cinquième semaine, l'embryon mesure 13 mm de long, et les membres sont mieux définis – les mains et les pieds possèdent des doigts et des orteils. Le cerveau et les poumons se développent. Dans la sixième semaine, la longueur de l'embryon atteint 18 mm, et les principaux organes commencent à se former. Les follicules pileux, les seins et les coudes apparaissent. On observe parfois des mouvements des membres. La croissance s'accélère, et dans la septième semaine l'embryon atteint 3 cm de long. Les détails de son visage et de sa tête se précisent, notamment les paupières et les oreilles externes. Parvenu à la huitième semaine, l'embryon possède tous ses organes, et désormais, jusqu'à la naissance, on l'appellera le fœtus.

9e semaine

Le fœtus mesure maintenant 8 cm de long et, pour la première fois, il réussit à fermer les poings en repliant les doigts. Ses membres s'allongent, son foie fonctionne, ses parties génitales sont clairement différenciées, et des protubérances commencent à apparaître à la place des dents. À ce stade, il ferme les paupières et ne les rouvrira qu'au septième mois.

13e semaine

Au cours de cette phase, la taille du fœtus double pour atteindre 15 cm de long. Il bouge et fait des mouvements de succion avec sa bouche. Il a des cheveux, ses muscles et ses os sont plus résistants, et le pancréas fonctionne.

17e semaine

Le fœtus mesure maintenant 20 cm de long, et son corps est entièrement recouvert de lanugo (voir « La peau du nouveau-né », page 18). Dans la 18e semaine apparaissent les cils, les sourcils et les ongles. Pour la première fois, la mère sent son bébé bouger.

21ᵉ semaine

Au milieu de cette période, le fœtus mesure 28 cm de long et pèse 725 g (1,5 livre). Des empreintes apparaissent sur ses pieds et ses mains, ses yeux sont complètement développés. Ses poumons contiennent des sacs aériens. À ce stade, il peut sursauter en cas de stimulus soudain (voir « Les réflexes du bébé », page 23). Certaines mères ne sentent leur enfant bouger pour la première fois qu'à la fin de cette période, c'est-à-dire entre la 18ᵉ et la 24ᵉ semaine.

25ᵉ semaine

Vers la 26ᵉ semaine, le fœtus mesure généralement 38 cm de long et pèse 1,2 kg (2,5 livres). Il ouvre et ferme les yeux et entend certains sons, notamment les bruits liés aux fonctions physiologiques de sa mère, comme les pulsations cardiaques, ou des sons extérieurs telle la musique. Le cerveau, le système nerveux et le système respiratoire se développent rapidement. Les prématurés qui naissent à ce stade peuvent survivre, mais les risques de mortalité sont élevés.

29ᵉ semaine

Vers le milieu de cette période, le fœtus mesure en général 43 cm de long (mais cela peut varier) et pèse environ 2 kg (4,5 livres). Le squelette est pleinement développé, mais les os ne sont pas encore solidifiés. La masse graisseuse augmente. Les bébés nés pendant cette période sont toujours prématurés, mais le taux de survie est plus élevé que précédemment.

33ᵉ semaine

Dès le milieu de cette période, le fœtus mesure environ 48 cm et pèse 3 kg (6,5 livres). Son corps devient plus gras et perd son revêtement de lanugo. Les ongles des mains ont presque fini de pousser. Désormais, la naissance n'est plus considérée comme prématurée. La période de gestation minimale pour un bébé né « à terme » est de 35 semaines (240 jours).

37ᵉ semaine

Le lanugo a complètement disparu, et le fœtus mesure 53 cm de long. La naissance peut intervenir à tout moment – vers le 266ᵉ jour de gestation, c'est-à-dire 40 semaines après les dernières menstrues. La fabuleuse aventure de la vie intra-utérine se termine.

La course pour la vie

Chaque éjaculation contient 400 millions de spermatozoïdes. Plusieurs milliers d'entre eux atteignent l'ovule, mais en général un seul réussit à pénétrer l'enveloppe externe. La fusion des noyaux de sperme et de l'ovule forme le zygote.

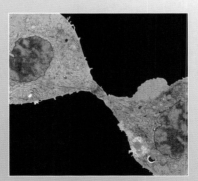

La division mitotique des cellules
Les cellules du bébé se multiplient par mitose, un processus qui permet aux cellules de doubler le nombre de chromosomes de leur noyau pour former deux nouvelles cellules filles identiques.

les jumeaux

Même si la femme ne porte en général qu'un seul enfant à la fois, dans 1 % des cas environ deux ovules sont fertilisés en même temps par deux spermatozoïdes différents, et la mère donne naissance à deux jumeaux non identiques. Dans des cas plus rares, trois ou quatre naissances sur 1 000, un ovule fertilisé se divise en deux, créant deux jumeaux identiques. Les triplés ne représentent qu'un cas sur 8 000.

la conception des jumeaux

Bien que rares, les chances d'avoir des jumeaux identiques semblent équivalentes dans tous les pays du monde, indépendamment de l'environnement et de l'héritage génétique. Cependant, certains facteurs augmentent les chances de donner naissance à des jumeaux non identiques, par exemple lorsque la femme est plus âgée que la moyenne au moment de la conception ; vers la fin de la trentaine, les chances passent de 1 sur 100 à 1 sur 70. La mère a aussi plus de chances de donner naissance à des jumeaux non identiques si elle est anormalement grande ou grosse ; si elle tombe enceinte à un moment où la nourriture est rare, par exemple en période de guerre, le taux de gémellité diminue. L'héritage génétique joue également un rôle. Une femme a plus de chances d'avoir des jumeaux non identiques si elle-même était une jumelle, si elle a déjà eu des jumeaux ou si elle a déjà accouché plusieurs fois. Enfin, le taux de gémellité augmente lorsque l'acte sexuel qui a abouti à la conception a été inhabituellement passionné (l'intensité des émotions augmente les chances d'avoir des jumeaux non identiques) ou très violent (chez les victimes de viols, par exemple).

les facteurs géographiques

Les femmes africaines ont plus de chances d'avoir des jumeaux non identiques, même lorsqu'elles vivent en Europe ou en Afrique, ce qui laisse supposer que l'élément déterminant est bien l'origine ethnique et non le facteur géographique. Les chances de donner naissance à des jumeaux sont particulièrement élevées dans certaines parties de l'Afrique occidentale. Ainsi, au Nigeria, elles sont de 1 sur 22. Elles sont au contraire très faibles au Japon : 1 sur 200.

un lien particulièrement fort

Les liens affectifs qui existent entre les jumeaux sont plus forts que ceux qui unissent habituellement les frères et sœurs. Les jumelles, en particulier, sont inséparables pendant la petite enfance, surtout lorsqu'elles sont identiques, et beaucoup demeurent étroitement unies à l'âge adulte. Les jumeaux identiques de sexe masculin restent proches plus longtemps que les jumeaux de sexes différents.

des habitudes similaires

Il n'est pas rare de voir les jumeaux adopter les mêmes habitudes. Du fait que les jumeaux identiques possèdent le même ADN, le parallélisme est souvent frappant, même lorsqu'ils sont élevés séparément. De même qu'ils partagent les mêmes attributs physiques, ils peuvent avoir la même voix, les mêmes mimiques faciales ou les mêmes gestes de la main. Un autre facteur susceptible d'expliquer ces liens privilégiés et la similarité des comportements est que les jumeaux se sont développés ensemble dans l'utérus et qu'ils ont partagé leurs premières semaines de vie extra-utérine avec leur mère.

des messages cryptés

Certains jumeaux mettent au point un langage secret qu'ils sont seuls à comprendre. Appelé « cryptophasie », ce phénomène se manifeste surtout chez les enfants au développement tardif qui ont moins d'interaction avec les adultes que les autres enfants, et c'est souvent le plus avancé des jumeaux qui a l'initiative de créer ce langage crypté.

glandes et hormones

Les activités physiologiques du bébé sont régies par deux systèmes majeurs : le système nerveux et le système endocrinien. Les glandes endocrines produisent des substances chimiques spéciales qui sont libérées via le flux sanguin, circulent dans tout le corps et atteignent des récepteurs cellulaires qui leur permettent d'influencer le métabolisme. Ces substances, les hormones, exercent une influence majeure sur la croissance et le développement du bébé.

l'hypophyse

Malgré son influence sur la croissance du bébé, cette minuscule glande ne mesure que 4 mm de diamètre à la naissance. Elle est située à la base du cerveau, juste sous l'hypothalamus, qui relie le système nerveux au système endocrinien. L'hypothalamus produit les neurohormones qui contrôlent les activités de l'hypophyse.

L'hypophyse est présente dans l'embryon dès la fin du deuxième mois de grossesse et elle se met très vite à fonctionner. Elle envoie des hormones de croissance aux cellules de l'organisme, ainsi que des hormones spéciales à la thyroïde pour l'activer. Elle stimule la division cellulaire et la formation de l'ADN pendant la croissance de l'enfant.

la glande thyroïde

Recevant ses instructions de l'hypophyse, la thyroïde produit la thyroxine, une hormone qui stimule notamment la croissance et le développement des os, des dents et du cerveau et aide à réguler le métabolisme. Sa forme évoque celle d'un papillon, car elle est faite de deux lobes reliés par un isthme étroit. Elle se situe dans la région du cou, juste au-dessous du larynx.

le pancréas

Situé dans l'abdomen, le pancréas pèse 3 à 5 g à la naissance, soit un trentième de son poids adulte. À la fin de la première année, ce poids atteint 10 g. Le pancréas sécrète un jus alcalin, le suc pancréatique, qui favorise la digestion des aliments, ainsi que deux hormones à l'action contraire, le glucagon et l'insuline, qui régulent le métabolisme du glucose.

l'ocytocine ou hormone de l'amour

Le système endocrinien est extrêmement complexe et fait intervenir de nombreuses hormones différentes dont chacune joue un rôle précis dans l'organisme. Il y en a une qui mérite une mention particulière : c'est l'ocytocine, également appelée « hormone de l'amour ». Fabriquée par l'hypothalamus, elle est libérée dans le système sanguin via le lobe postérieur de l'hypophyse.

Quand on parle de « chimie » à propos des amoureux, c'est à l'ocytocine que l'on fait allusion. En faisant des prélèvements sanguins sur des couples qui se disent « follement épris », on s'aperçoit que les deux partenaires présentent des taux d'ocytocine inhabituellement élevés. Pendant l'orgasme, on assiste à un brusque afflux d'ocytocine – ce qui prouve que ces pics de plaisir sexuel renforcent les sentiments. On observe un phénomène similaire entre la mère et son bébé.

Lorsque la femme accouche, son système endocrinien libère de l'ocytocine, ce qui la prépare chimiquement à aimer son bébé. Une partie de cette ocytocine traverse le placenta, réduisant le stress du nouveau-né. Plus tard, l'allaitement provoquera une nouvelle sécrétion d'ocytocine qui procurera à la mère et à l'enfant une sensation de détente et renforcera leurs liens affectifs.

la marque de l'amour

Chez les nouveau-nés nourris au biberon, on observe une différence entre les enfants nourris avec une indifférence mécanique et ceux à qui les parents donnent le biberon en les câlinant tendrement. Les bébés choyés présentent des taux d'ocytocine plus élevés, ce qui prouve qu'un contact affectueux stimule la sécrétion de cette hormone.

Pour conclure, disons que, pendant les premiers jours du nourrisson, plus on favorise les contacts intimes, plus les liens affectifs se renforcent grâce à des niveaux d'ocytocine élevés. En outre, le nouveau-né qui connaît des niveaux élevés d'ocytocine pendant une période prolongée produira également moins d'hormones de stress, ce qui aura un effet durable sur sa personnalité future et l'aidera à devenir un adulte plus solide, plus sûr de soi et plus équilibré.

la glande maîtresse
Située dans la tête, l'hypophyse sécrète au moins neuf hormones différentes, notamment les hormones de croissance, qui stimulent la division cellulaire et la formation de l'ADN, favorisant le développement du cerveau, des os et des muscles.

l'apparence du bébé

Les parents éprouvent une grande joie à voir leur bébé grandir et se développer. À mesure que la couleur de ses cheveux et de sa peau change, que ses membres s'allongent par rapport au corps et que sa silhouette s'affine, ils commencent à détecter des ressemblances familiales. Le nouveau-né vulnérable ne tarde pas à se transformer en un nourrisson robuste de plus en plus actif.

le corps

Dans les trois premiers mois, la peau devient moins rouge et plus foncée. À quatre mois, les yeux prennent leur couleur définitive, et toute trace de strabisme disparaît. Les cheveux avec lesquels l'enfant est né tombent dans les premières semaines pour être remplacés par des cheveux un peu plus épais. Certains nourrissons restent chauves jusqu'à l'âge de douze mois, et parfois il faut attendre plusieurs années pour voir les cheveux prendre leur couleur définitive. À mesure que les os durcissent, le corps souple et élastique du bébé devient plus rigide, ce qui lui permet de se redresser, d'abord en s'asseyant, puis en rampant et enfin en se levant (voir pages 74-79).

Les photographies ci-dessous retracent la croissance d'un enfant depuis sa naissance jusqu'à l'âge d'un an. Les membres du nouveau-né sont courts et restent repliés dans une position postnatale. Il y a toute la place nécessaire autour de lui pour lui permettre de s'étirer, mais l'espace exigu de l'utérus l'a habitué à se tenir recroquevillé, et cette habitude mettra du temps à disparaître. Pendant les premiers mois, le torse se développe plus vite que la partie inférieure du corps, et les bras sont les premiers à se déplier. Les jambes demeurent pliées jusqu'à l'âge de neuf mois, tandis que les mains se tendent de plus en plus vers l'extérieur. Enfin, à un an, les jambes se déploient, et l'enfant peut se tenir debout.

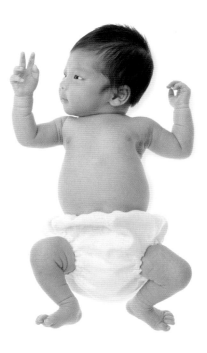

l'attrait du visage

On utilise le mot allemand *Kinderschema* pour expliquer l'attrait particulier qu'exerce le visage de bébé. Les adultes humains sont génétiquement programmés pour réagir de façon protectrice et affectueuse devant une certaine configuration des traits faciaux, et ce n'est pas un hasard si ceux-ci se retrouvent tous chez le bébé : tête volumineuse par rapport au reste du corps, visage plat, grand front arrondi, petit nez en bouton, grands yeux assez bas, joues rondes, peau douce et chaude, cheveux fins et, enfin, petit menton en retrait.

Les études ont permis de localiser la réaction au *Kinderschema* au niveau du cortex orbito-frontal médian, la partie du cerveau qui est associée aux émotions. Lorsqu'un adulte voit le visage d'un bébé inconnu, il réagit en un septième de seconde, ce qui prouve que cette réaction est instinctive. La réaction humaine au *Kinderschema* est si puissante que les animaux domestiques pourvus de traits similaires provoquent des sentiments de protection identiques. C'est pourquoi l'élevage sélectif a aplati le visage de certains chats et chiens afin de séduire les « pseudo-parents ».

Les humains gardent longtemps un visage poupin, et c'est seulement au moment de la puberté que les traits anguleux propres à l'adulte se dessinent. Mais à mesure que l'enfant grandit, les signaux du *Kinderschema* s'estompent. C'est pendant les deux premières années de vie qu'ils sont les plus marqués, quand le bébé est impuissant et particulièrement vulnérable. Outre les traits du visage, les membres courts et boudinés du nourrisson, ses formes arrondies, la souplesse de son corps et la maladresse de ses gestes sont autant de signaux qui éveillent l'instinct de protection de l'adulte.

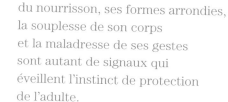

la croissance du bébé

À la naissance, le bébé pèse aux alentours de 3,5 kg (7,5 livres). À douze mois, son poids a doublé et, à la fin de sa deuxième année de vie extra-utérine, il a quadruplé. À deux ans, l'enfant fait la moitié de sa taille adulte.

chaque bébé est différent

Le poids du bébé est très variable, de même que sa taille et sa vitesse de croissance. Si un enfant est un peu plus petit ou un peu plus grand que la moyenne, il n'y a pas lieu de s'en inquiéter, du moment que sa vitesse de croissance est régulière. Le poids moyen du bébé à la naissance est de 3-4 kg (6,5 à 9 livres), mais le nouveau-né le plus lourd qui ait jamais existé pesait plus de 10 kg (22 livres), tandis que le plus petit qui ait jamais survécu (un prématuré) pesait seulement 265 g (0,6 livre). Ce sont, bien sûr, des cas extrêmes, mais ils donnent une idée de l'amplitude possible. Cependant, il est utile de connaître la moyenne à titre de référence.

garçons et filles

La taille et le poids du bébé dépendent d'un certain nombre de facteurs, de même que sa vitesse de croissance. L'un de ces facteurs est le sexe de l'enfant. Dans l'ensemble, les garçons sont plus grands et plus lourds à la naissance que les filles. Ainsi, le poids moyen des nouveau-nés de sexe masculin est de 3,6 kg (8 livres) contre 3,2 kg (7 livres) pour les nouveau-nés de sexe féminin. À douze mois, le poids moyen des garçons est de 10,3 kg (23 livres) contre 9,5 kg (21 livres) pour les filles. Et, à l'âge de deux ans, leur poids moyen est respectivement de 12,7 kg (28 livres) et 12,1 kg (26,5 livres).

autres facteurs

La durée de la grossesse a, bien sûr, une influence décisive. Les prématurés tendent à être plus petits et plus légers, de même que les jumeaux et les triplés, qui naissent souvent avant terme. Pour les triplés, la durée moyenne de gestation est de 36 semaines. L'héritage génétique est également un facteur déterminant – les nouveau-nés issus de parents de grande taille tendent aussi à être grands –, de même que la nutrition – les bébés élevés au biberon grossissent plus vite que les bébés nourris au sein – et l'origine ethnique – la taille moyenne à la naissance varie suivant les différentes régions du globe.

le régime alimentaire après le sevrage

Pour une croissance régulière, le bébé a besoin d'un régime équilibré. L'espèce humaine étant devenue omnivore, il lui faut une alimentation mixte d'origine végétale et animale après le sevrage. Certaines personnes hésitent à donner des aliments d'origine animale aux nourrissons, mais elles ont tort. En effet, les besoins en protéines des enfants en bas âge sont quatre fois plus élevés que ceux des adultes. Seul un régime comprenant des protéines animales peut fournir au système digestif humain un apport suffisant en acides aminés. De fait, nous ingérons tous involontairement des protéines animales sous forme de larves et d'insectes quand nous mangeons des céréales, des fruits et des légumes.

le squelette

On se figure souvent que les os sont une matière inerte, mais en réalité ils sont bien vivants, et à mesure que le bébé grandit, son ossature subit d'importants changements. Les os du bébé sont beaucoup plus mous, spongieux et poreux que ceux de l'adulte, et ils contiennent plus d'eau. Au cours des deux premières années de vie, ils grandissent (le squelette de l'adulte est 25 fois plus lourd que celui du bébé), se solidifient, et beaucoup fusionnent.

le durcissement des os

Dans l'utérus, le squelette du fœtus n'est pas formé d'os, mais d'une matière beaucoup plus souple et molle, le cartilage, compatible avec le processus de croissance. À mesure que la taille du fœtus augmente, l'ossification commence, et certaines parties du squelette se solidifient pour devenir des os. Après la naissance, le calcium contenu dans le lait de la mère favorise ce processus. À la naissance, certaines parties du squelette se trouvent encore à l'état cartilagineux, c'est pourquoi le nouveau-né est si mou et vulnérable. Le processus d'ossification se poursuit jusqu'à l'âge adulte. C'est à mesure que le cartilage se transforme en os que l'enfant apprend à contrôler ses mouvements.

combien d'os ?

Le squelette se compose de deux parties : d'une part, le squelette central ou axial qui comprend le crâne, les petits os de l'oreille moyenne, l'os hyoïde, la colonne vertébrale et les os du thorax ; d'autre part, le squelette de soutien des membres, dit « appendiculaire », qui comprend la ceinture pectorale, les bras, la ceinture pelvienne et les jambes. Le squelette de l'humain adulte compte 206 os, beaucoup moins que celui du nouveau-né. Le nombre exact d'os chez le bébé varie suivant les individus, mais en général on en dénombre 270 à la naissance.
La diminution du nombre d'os dans le squelette central est due à la fusion de certains os de la boîte crânienne et de l'épine dorsale. On dénombre 172 os dans cette région du squelette à la naissance contre seulement 80 chez l'adulte. Parallèlement, on observe une augmentation du nombre d'os dans le squelette appendiculaire du fait que de nouveaux os se forment dans les poignets et les chevilles. Il y a 98 os dans cette partie du squelette à la naissance

contre 126 chez l'adulte. Pour récapituler, on recense 92 pertes pour 28 gains, soit une différence de 64 os qui correspond à la diminution du nombre d'os entre la naissance – 270 – et l'âge adulte – 206.

les os qui fusionnent

À mesure que le bébé grandit, la plupart des 45 éléments osseux du squelette du nouveau-né fusionnent, de sorte que, parvenu à l'âge adulte, il ne lui reste plus que 22 os crâniens – huit pour la boîte crânienne et quatorze pour l'armature du visage. À la base de l'épine dorsale, on dénombre cinq os distincts à la naissance. Ces os sacraux fusionnent pour ne former qu'une seule structure osseuse chez l'adulte.

de nouveaux os

Les os les plus longs du squelette, ceux des bras et des jambes, subissent une poussée de croissance massive dès que le bébé sort de l'utérus. Dans certaines parties de ces os, appelées « plaques de croissance », les cellules cartilagineuses se divisent, et leur nombre augmente. Les cellules cartilagineuses les plus âgées migrent graduellement vers le milieu de l'os, où elles finissent par être remplacées par de l'os dur. C'est seulement quand l'os est complètement solidifié que les plaques de croissance s'ossifient à leur tour.
Les extrémités des membres subissent un changement majeur pendant la petite enfance. À la naissance, il n'y a pas d'os carpien (poignet) ossifié et il n'existe que deux os tarsiens (chevilles). Même à l'âge de douze mois, le nourrisson ne possède que deux os carpiens contre huit chez l'adulte. L'enfant naît également sans rotules ossifiées. Celles-ci ne se développent que vers la deuxième année, voire beaucoup plus tard.

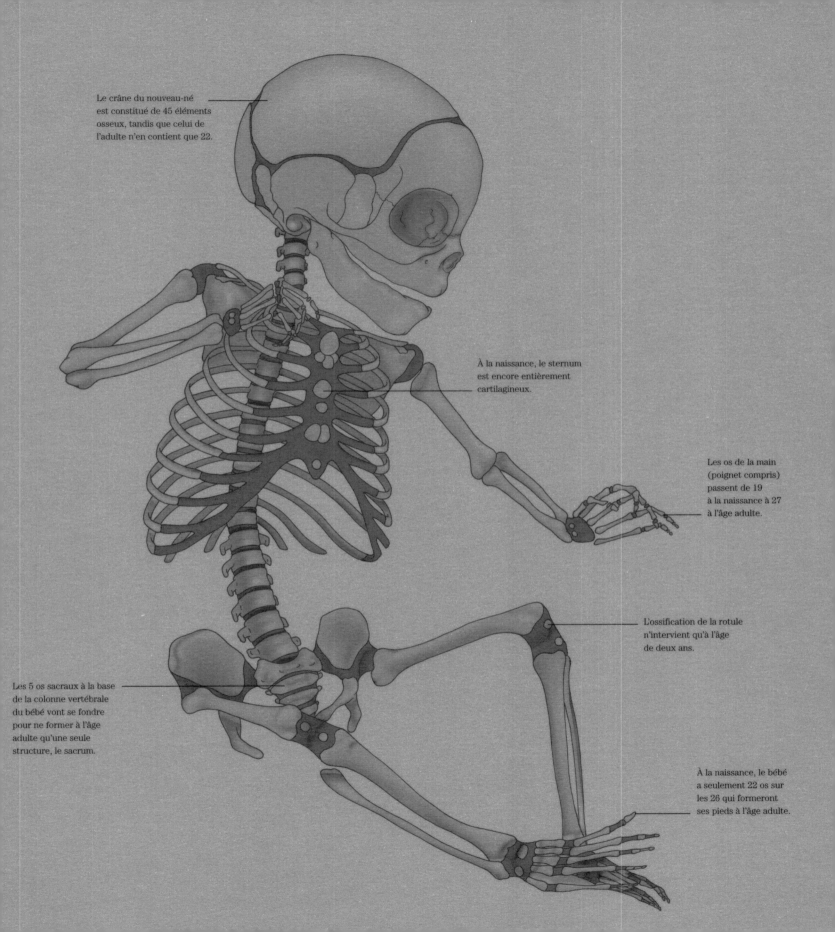

Le crâne du nouveau-né est constitué de 45 éléments osseux, tandis que celui de l'adulte n'en contient que 22.

À la naissance, le sternum est encore entièrement cartilagineux.

Les os de la main (poignet compris) passent de 19 à la naissance à 27 à l'âge adulte.

L'ossification de la rotule n'intervient qu'à l'âge de deux ans.

Les 5 os sacraux à la base de la colonne vertébrale du bébé vont se fondre pour ne former à l'âge adulte qu'une seule structure, le sacrum.

À la naissance, le bébé a seulement 22 os sur les 26 qui formeront ses pieds à l'âge adulte.

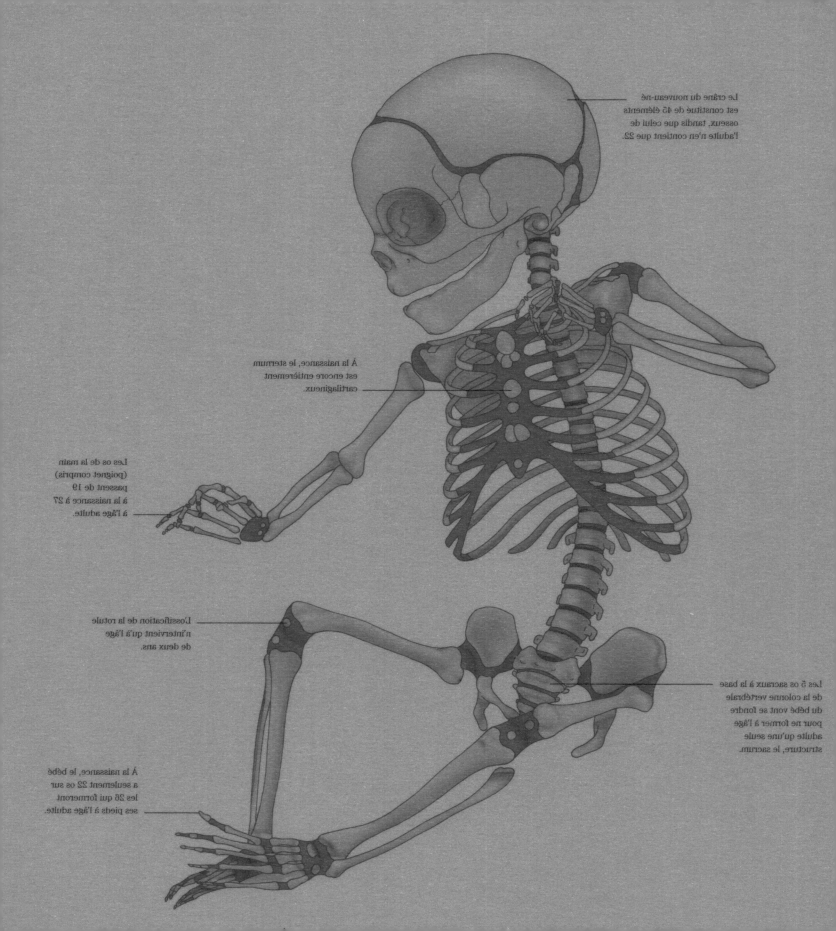

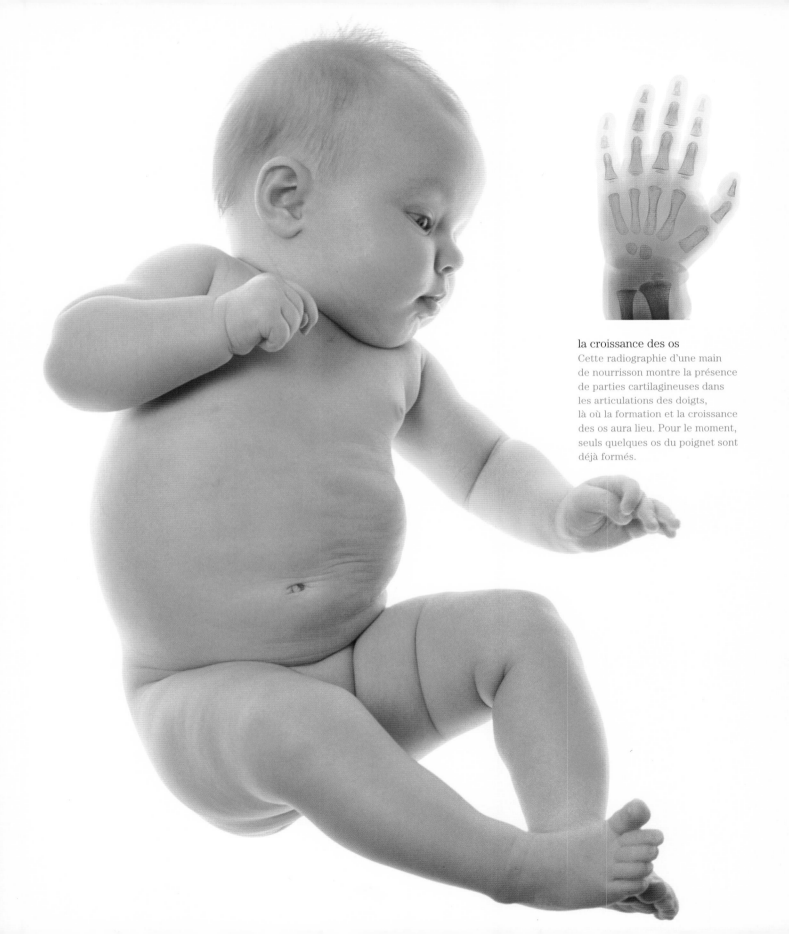

la croissance des os

Cette radiographie d'une main de nourrisson montre la présence de parties cartilagineuses dans les articulations des doigts, là où la formation et la croissance des os aura lieu. Pour le moment, seuls quelques os du poignet sont déjà formés.

le système nerveux

Si la croissance physique est observable et mesurable, le bébé subit aussi des changements invisibles, dont le plus important est le développement du système nerveux. Les aptitudes de l'enfant sont déterminées par le niveau de développement de son système nerveux – un processus qui ne peut être accéléré sous peine d'entraîner chez lui des sentiments d'angoisse et de détresse.

Le système nerveux a son propre rythme de croissance, et les contrôles s'affinent de semaine en semaine. Un bébé est dans l'incapacité de maîtriser certaines fonctions aussi longtemps que son système nerveux n'a pas atteint un certain stade de développement. De même, on ne peut pas empêcher un bébé d'utiliser les aptitudes nouvellement acquises sous peine de freiner ses progrès et de le frustrer.

la taille du cerveau

À la naissance, le cerveau du bébé est bien développé par rapport au reste de son corps. Il occupe beaucoup plus de place dans sa tête que chez l'adulte, de sorte qu'elle paraît disproportionnée par rapport au reste du corps. Le cerveau du nouveau-né représente 10 % de son poids total, contre 2 % chez l'adulte. Le poids du cerveau à la naissance est d'environ 350 g (0,75 livre) avec une capacité crânienne de 400 cm^3 – contre un poids de 1,1 à 1,7 kg (2,4 à 3,7 livres) chez l'adulte et une capacité crânienne de 1 300 à 1 500 cm^3. À douze mois, le cerveau de l'enfant est deux fois et demie plus grand qu'à la naissance ; à cinq ans, il est trois fois plus gros. À tous les stades de développement, le cerveau du garçon est légèrement plus grand que celui des filles.

les fonctions du cerveau

Le cerveau du nouveau-né a beaucoup à apprendre ! Les régions concernées par le sommeil et le réveil, l'alimentation et l'expulsion des excréments – essentiellement le cerveau antérieur, le mésencéphale et le cerveau postérieur – sont déjà actives, mais celles qui contrôlent les mouvements, la pensée complexe et le langage – le cortex cérébral – mettent plusieurs années à se développer complètement. À la naissance, le cortex est la partie la moins développée du cerveau. Les améliorations sont progressives, de subtils ajustements intervenant à mesure que les semaines passent.

le développement du réseau neuronal

L'un des problèmes qui se posent au cerveau du nouveau-né est qu'il doit envoyer des signaux vers différentes parties de l'organisme via le système nerveux, alors que celui-ci n'est pas encore prêt pour cette tâche essentielle, en particulier en ce qui concerne les extrémités du corps. En effet, la myéline, la substance lipidique et protéique qui forme une gaine protectrice autour de certaines fibres nerveuses et accélère la transmission des messages, n'est pas encore formée. Il faudra attendre deux ans pour qu'elle le soit complètement. Le contrôle de la tête interviendra en premier, suivi de celui du tronc. Les parties des membres les plus proches de celui-ci sont contrôlées avant les extrémités, le contrôle des doigts et des orteils intervenant en dernier. Le développement des gaines de myéline dans le cerveau prend beaucoup plus de temps et se poursuit jusqu'à l'adolescence.

stimuler le cerveau

À mesure que le réseau neuronal se développe, le nourrisson progresse par étapes successives. D'abord, son équilibre et la coordination de ses mouvements s'améliorent, suivis de son aptitude à exécuter des mouvements volontaires. L'amélioration de l'audition, de la vue et de la compréhension des mots vient ensuite. L'attention, la mémoire, la créativité, les facultés d'organisation et de contrôle progressent en dernier. Pendant toute la durée du processus, le développement du cerveau sera d'autant plus accéléré qu'il sera stimulé par l'environnement du bébé. Ce dernier doit entrer beaucoup de données dans son « ordinateur biologique » pour avoir plus tard à sa disposition une riche « banque d'expériences ».

l'alimentation du nouveau-né

Jusqu'à quatre mois, le bébé est nourri exclusivement de lait maternel ou au biberon. Ensuite, il est capable d'absorber quelques aliments solides. Dès lors, on peut augmenter progressivement la proportion d'aliments solides tout en continuant de l'allaiter ou de lui donner le biberon. Entre le neuvième et le douzième mois, il apprend à manger tout seul (voir « La diversification alimentaire », page 57).

la tétée

Pendant la tétée, les lèvres du nouveau-né emprisonnent la peau pigmentée qui entoure le mamelon et la serre entre ses mâchoires et sa langue. La pression ainsi exercée fait jaillir le lait. Au cours de la première année, il arrive qu'une sorte d'ampoule se forme sur les lèvres du bébé à cause de ces mouvements de succion répétés.

Quand il tète, le nouveau-né ferme les yeux et se concentre sur le plaisir de goûter et d'avaler le lait. Puis, au bout de quelques mois, il commence à garder les yeux ouverts de plus en plus souvent. Au cours de cette phase, le contact visuel prolongé entre la mère et l'enfant renforce les liens qui les unissent.

le colostrum

Le premier aliment qui sort du sein maternel est une sorte de pré-lait appelé « colostrum ». Il s'agit d'un liquide jaunâtre riche en protéines et en anticorps qui protège le nouveau-né des infections. La mère continue de produire ce pré-lait pendant environ trois semaines, après quoi le vrai lait commence à monter. Celui-ci est deux fois plus riche en lipides et en sucre que le colostrum, et il est tellement nourrissant que le bébé se met rapidement à prendre du poids.

l'allaitement

Dès que le vrai lait monte, chaque séance d'allaitement se déroule en deux temps. Le premier lait de l'allaitement est très liquide et sert principalement à étancher la soif du bébé. Plus épais et beaucoup plus riche, le lait de la fin d'allaitement répond à ses besoins nutritionnels. C'est comme si les seins de la mère lui disaient : « Commence par boire, tu mangeras après. » Cette séquence montre les inconvénients de séances d'allaitement écourtées : elles permettent d'étancher la soif de l'enfant, mais ne lui fournissent pas tous les nutriments nécessaires. Pour que le cycle d'allaitement soit complet, il faut que le bébé passe entre dix et quinze minutes sur chaque sein.

allaitement à la demande

L'« allaitement à la demande », aujourd'hui préconisé par la majorité des spécialistes au Québec, est pratiqué par les femmes des tribus primitives depuis la préhistoire. La mère donne le sein à son bébé dès qu'il le réclame. Certes, les séances d'allaitement sont ainsi plus nombreuses, mais cette méthode évite que les seins ne s'engorgent et que le bébé ne boive trop à la fois. De plus, l'enfant finit par s'autoréguler et par devenir moins exigeant.

les avantages du lait maternel

Pour les mères qui ne peuvent pas allaiter, le biberon est une alternative viable, mais rien ne répond aussi bien aux besoins du bébé que le lait maternel, fruit d'un million d'années d'évolution. Non seulement il fournit les anticorps indispensables pendant les premiers jours après la naissance, mais il est également très équilibré sur le plan nutritionnel. En outre, le contact corporel intime impliqué par l'allaitement renforce le lien affectif entre la mère et l'enfant. Ce lien ne disparaît pas totalement lorsque l'enfant passe au biberon, mais il est moins intense.

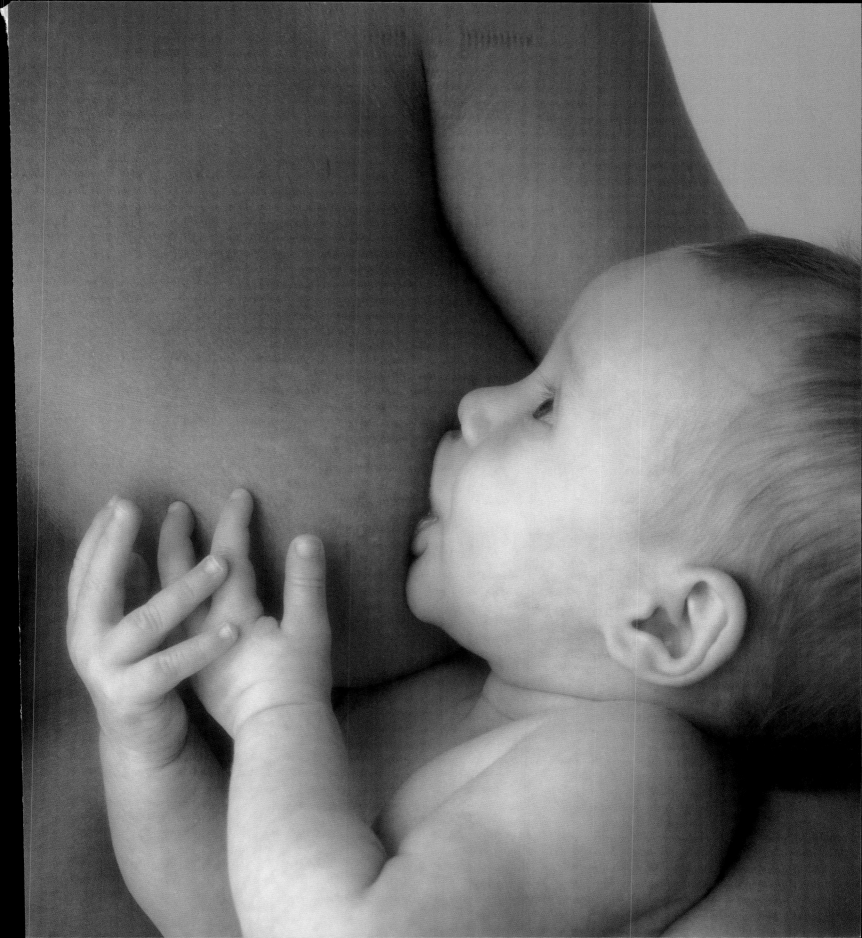

les dents

Les dents du bébé se forment dès la fin de la vie intra-utérine, mais elles ne commencent
à percer les gencives que vers l'âge de six mois. La première dent à pousser est généralement
l'une des incisives centrales inférieures, bientôt suivie des autres incisives centrales,
inférieures et supérieures.

les autres dents

Ensuite viennent les incisives latérales, qui apparaissent
entre le septième et le onzième mois, puis les premières
molaires, entre le dixième et le seizième mois, et enfin les
canines, entre le seizième et le vingtième mois. Les deuxièmes
molaires arrivent en dernier. La dentition de l'enfant est
complète vers l'âge de deux ans. Ces dents de lait tombent
vers l'âge de six ou sept ans pour laisser la place aux dents
définitives. Il n'y a que 20 dents de lait contre 32 dents
d'adulte : huit incisives, quatre canines et huit molaires.
Les adultes ont le même nombre d'incisives et de canines,
mais ils ont également huit prémolaires et douze molaires.

la substance la plus dure de l'organisme

Les dents sont la seule partie du corps qui ne peut pas
s'autoréparer quand elle est endommagée ou cassée, et, bien
que leur émail soit la substance la plus dure de l'organisme,
il est vulnérable aux acides et aux sucres contenus dans les
aliments. La salive aide à combattre l'impact des substances
nocives. Sécrétée tout au long de la journée, surtout
au moment des repas, elle nettoie la bouche et la débarrasse
des débris. Elle possède également des propriétés
antibactériennes, antivirales et antifongiques.

les problèmes liés à la poussée dentaire

Si certains bébés font leurs dents sans trop de difficultés,
d'autres souffrent beaucoup. Même si le nourrisson ne peut
pas expliquer à ses parents ce qui le gêne, certains signes
annoncent clairement qu'une nouvelle dent est en train
de pousser. Le bébé est congestionné, et sa température
monte. Il a les gencives rouges et gonflées et bave du fait
que la poussée dentaire stimule la sécrétion salivaire.
Beaucoup d'enfants mâchent n'importe quoi dans l'espoir
d'atténuer la douleur. Les bébés qui font leurs dents
pleurent souvent et réclament beaucoup d'attention.

les bébés nés avec des dents

À la naissance, un bébé sur 2 000 possède ce que l'on
appelle une « dent natale » – une dent unique qui brille
au milieu de sa bouche. Cette dent natale le gêne pour téter,
et en général on l'arrache, tant pour le confort de la mère
que pour la sécurité de l'enfant. Si on la laisse, le nouveau-né
risque de se blesser la langue en tétant.

la diversification alimentaire

Aujourd'hui, au Québec, on recommande aux mères de nourrir leur bébé au sein ou au biberon jusqu'à l'âge de six mois, puis d'introduire progressivement des aliments solides tout en continuant de donner du lait. Entre six et neuf mois, la proportion d'aliments solides augmente peu à peu jusqu'à ce que, à l'âge de douze mois, l'enfant puisse manger tout seul.

le sevrage primitif

Comment les mères nourrissaient-elles leur enfant avant l'invention des petits pots pour bébé ? Comment la femme préhistorique s'y prenait-elle ? Elle faisait comme beaucoup d'animaux : elle nourrissait son petit avec des aliments prémastiqués qu'elle donnait de la bouche à la bouche. Elle mâchait les aliments jusqu'à ce qu'ils soient réduits en bouillie, puis elle posait ses lèvres sur celles du bébé et mettait sa langue dans sa bouche. Le bébé réagissait comme si la langue de sa mère était un mamelon et commençait à téter. De la sorte, il ingérait la nourriture mastiquée, et le processus était amorcé.

l'alimentation moderne

Aujourd'hui, les robots culinaires et les petits pots pour bébé simplifient beaucoup la vie des parents. Mais, malgré cette facilité, il est essentiel de ne pas précipiter le processus. Les aliments solides doivent être introduits de façon très progressive, à mesure que l'on réduit les quantités de lait. Un passage brutal d'une alimentation liquide à une alimentation solide est fortement déconseillé. La transition doit durer au moins trois mois.

les préférences du bébé

Curieusement, le bébé possède plus de papilles gustatives que l'adulte, et elles tapissent tout l'intérieur de la bouche : la langue, le palais, l'arrière de la gorge, les amygdales et même l'intérieur des joues. Il existe quatre saveurs de base : l'amer, le salé, l'aigre et le sucré. Si l'on propose chacune de ces saveurs séparément au nourrisson, il déteste les trois premières et adore la dernière. Au cours des premiers mois, il n'aime que le sucré. Les trois autres saveurs le font grimacer : il essaie de repousser les aliments et, s'il n'y parvient pas, il se met à pleurer et à pousser des hurlements.

des aliments liquides aux aliments solides

Le passage des aliments liquides aux aliments solides exige parfois beaucoup de patience de la part des parents. Le bébé, qui aime le sucré, n'accepte pas toujours volontiers un régime plus varié. Certains spécialistes estiment qu'il faut combattre ces préférences très tôt, faute de quoi le nourrisson, nourri principalement à l'aide d'aliments mous sucrés comme la purée de bananes, risque de développer une accoutumance au sucré qui l'empêchera d'avoir un régime varié et équilibré quand il parviendra à l'âge adulte. Par contre, les céréales, le riz, les pâtes, le couscous ou encore des œufs bien cuits font partie des premiers aliments nourrissants que vous pouvez offrir à votre bébé.

le sommeil et les rêves

Les parents se rendent vite compte que les schémas de sommeil de leur enfant diffèrent beaucoup des leurs. Le nouveau-né dort deux fois plus longtemps que l'adulte, mais par périodes brèves plutôt que de façon prolongée. Et, surtout, il dort autant le jour que la nuit. Il est impossible de modifier ce schéma de sommeil, et, pendant les premières semaines au moins, c'est aux parents de s'adapter.

le temps de sommeil

Pendant sa première semaine de vie extra-utérine, le nouveau-né dort en moyenne 16 heures et demie sur 24. Ce temps de sommeil est réparti en tranches dont le nombre peut aller jusqu'à 18. Cependant, il existe de grandes différences entre les individus, et certains bébés ne dorment que 10 heures et demie sur 24, tandis que d'autres peuvent dormir jusqu'à 23 heures sur 24.

Quand l'enfant entre dans sa quatrième semaine, son temps de sommeil diminue de 2 heures. Le bébé d'un mois dort en moyenne 14 heures trois quarts, et ce temps de sommeil continue de baisser pour atteindre 14 heures à l'âge de six mois. À un an, ce chiffre tombe à 13 heures. À cinq ans, l'enfant dort 12 heures par jour, et ce temps de sommeil continue de diminuer tout au long de l'enfance jusqu'à ce que l'on arrive aux 8 heures de sommeil de l'adulte.

Cette réduction progressive de la durée de sommeil est plus marquée pendant la journée. Cela devient évident dès la troisième semaine, quand on commence à constater une légère différence entre les temps de sommeil diurne et nocturne. Le bébé de trois semaines passe 54 % des heures diurnes à dormir et continue de sommeiller pendant 72 % des heures nocturnes. Dans sa 26ᵉ semaine, ces chiffres passent respectivement à 28 % et 83 %. Désormais, l'enfant dort par petites tranches pendant la journée, et les parents peuvent se détendre un peu plus pendant la nuit, le bébé pouvant dormir jusqu'à 10 heures d'affilée sans les déranger. Bientôt, il ne reste plus qu'un petit somme le matin et une sieste l'après-midi, puis, quand l'enfant fête son premier anniversaire, la tranche de sommeil matinal disparaît souvent.

les types de sommeil

Il existe deux types de sommeil : le sommeil paradoxal, pendant lequel on rêve, et le sommeil profond. Pendant le sommeil paradoxal, les paupières battent et les yeux se déplacent rapidement d'un côté et de l'autre. C'est pour cette raison qu'il est appelé « sommeil REM » (*Rapid Eye Movement*, « mouvements oculaires rapides »). Ce sommeil représente un tiers du temps de sommeil des adultes, mais, chez les bébés, il peut occuper la moitié, voire les deux tiers de la durée totale de sommeil.

Pendant le sommeil paradoxal, l'irrigation sanguine du cerveau augmente, ce qui peut améliorer les facultés d'apprentissage du bébé. Durant les périodes de veille, il se montre plus alerte, emmagasine et traite plus facilement les informations, et ses sens sont aiguisés. Lors des phases de sommeil profond sans rêves, son organisme se repose, le sang est dirigé vers les muscles, et l'on assiste à une sécrétion des hormones de croissance et à une accélération de la division des cellules tissulaires.

le bébé qui rêve

Bien sûr, il est impossible de savoir à quoi rêve le bébé, mais il est certain qu'il lui faut « digérer » d'énormes quantités d'informations chaque jour. Le nouveau-né entre dans la phase de sommeil paradoxal dès qu'il s'endort, à la différence des enfants plus âgés qui sombrent d'abord dans un sommeil profond sans rêve. En observant le bébé endormi, il est relativement facile de voir dans quelle phase il se trouve : quand il rêve, il fait des mouvements convulsifs, et son souffle devient légèrement plus irrégulier. Lorsqu'il cesse de rêver pour sombrer dans un sommeil profond, il s'immobilise complètement, ses muscles se détendent, et son visage prend une expression apaisée.

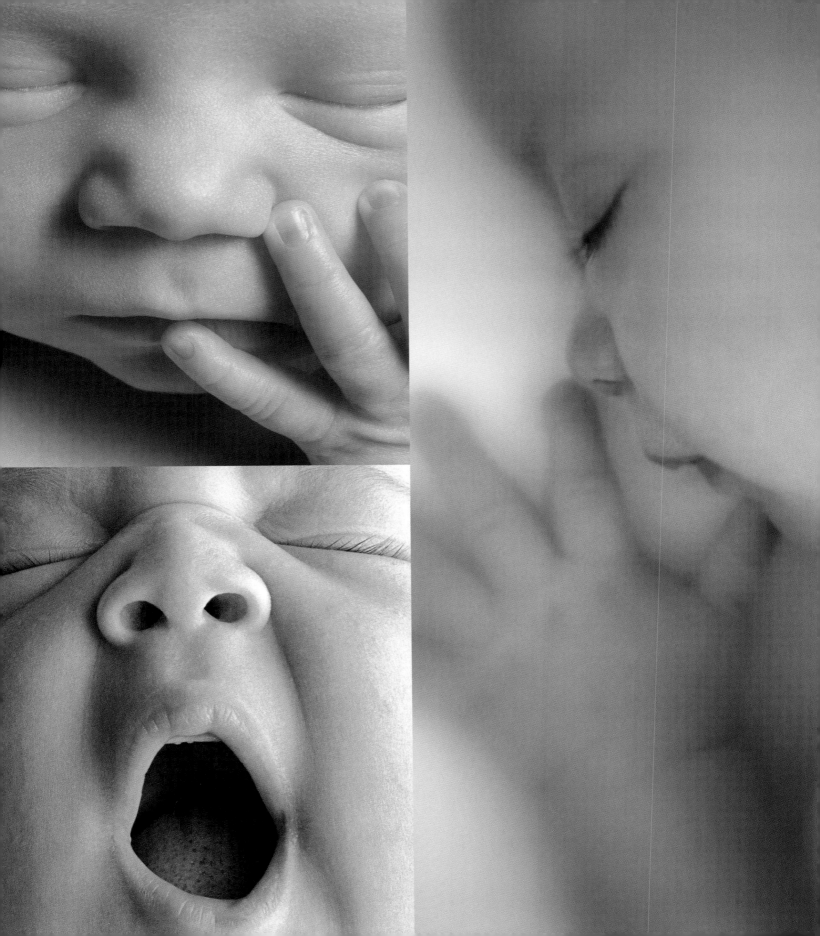

toujours en mouvement

la mobilité

Certains animaux sont capables de marcher dès leur naissance, mais le bébé humain doit attendre plusieurs mois avant de pouvoir se déplacer. Ses mouvements s'améliorent progressivement et très lentement selon un schéma bien déterminé.

les premiers mouvements

Les tout premiers gestes du bébé consistent à tâter les seins de la mère au moment de la tétée. À partir de ces premières explorations maladroites, il apprend à presser et à frotter. Il sait très vite reconnaître les textures – dur, mou, rugueux, lisse –, ainsi que le chaud et le froid. S'il peut donner des coups de pied et agiter les bras lorsqu'il se sent mal à l'aise, le tout jeune bébé ne peut pas se déplacer. Ses premiers véritables mouvements consistent à poser les talons par terre et à lancer des coups de pied pour se pousser en avant. Malgré ce modeste triomphe, il reste complètement impuissant pendant ses premières semaines de vie extra-utérine.

de haut en bas

La mobilité s'améliore lentement à mesure que les semaines passent. La partie supérieure du corps est toujours en avance sur la partie inférieure. Dans un premier temps, aux environs de la quatrième semaine, le bébé posé sur le ventre essaie de soulever son menton comme s'il voulait changer de position. Le contrôle de la tête n'interviendra vraiment qu'au bout de plusieurs mois, et dans l'intervalle il faudra continuer de la soutenir chaque fois que l'on prendra le bébé dans ses bras.

Vers l'âge de seize semaines, le bébé réussit à se soulever sur ses bras et, peu après, sur ses jambes, mais il est incapable de soulever sa poitrine et son derrière en même temps. On dirait qu'il s'entraîne à marcher sur les mains et les jambes en exécutant les deux parties du mouvement séparément, mais il ne peut toujours pas coordonner les deux. À ce stade, il se sent parfois frustré et entreprend de rouler sur le côté, puisque c'est pour lui le seul moyen de se déplacer.

de la reptation à la marche

Vient ensuite l'étape de la reptation : le bébé se traîne par terre en se poussant avec les bras et les jambes. À sept mois, il arrive enfin à s'asseoir tout seul. Il commence à prendre des forces, et, vers huit mois, il parvient à marcher à quatre pattes. Pour la première fois, il est vraiment mobile. Cette phase dure plusieurs mois, jusqu'à ce que le bébé essaie de se mettre debout, d'abord avec l'aide de ses parents, puis seul. Lorsqu'il réussit à se lever, les premiers pas ne sont plus loin.

les muscles

Né avec une très faible musculature, le bébé commence à mieux contrôler ses muscles vers sa 24ᵉ semaine. Soutenu par ses parents, il parvient à s'asseoir ou à se mettre debout, en faisant de grands efforts pour ne pas retomber sur son derrière. Même s'il n'y réussit pas, le fait d'essayer différentes postures et différents mouvements lui apprend à se servir de son système musculaire et à connaître ses limites.

le développement musculaire

Le bébé possède l'intégralité de ses fibres musculaires dès la naissance, mais à ce stade elles sont minuscules et gorgées d'eau. En se développant, elles s'étirent, s'épaississent et perdent une partie de leur teneur en eau. Comme toujours, les muscles de la partie supérieure du corps sont légèrement en avance sur ceux de la partie inférieure. Quand l'individu atteint l'âge adulte, ses muscles sont 40 fois plus vigoureux qu'ils ne l'étaient à sa naissance. Les garçons ont plus de tissus musculaires que les filles, une différence qui persiste toute la vie, et leur développement musculaire est plus variable que celui des filles.

les types de muscles

Comme l'adulte, le bébé possède trois types de muscles : le muscle strié, le muscle lisse et le muscle cardiaque. Les muscles striés ou squelettiques, insérés sur les os, commandent les mouvements volontaires et automatiques du corps, ainsi que la parole et la respiration. L'enfant les contrôle de mieux en mieux à mesure qu'il grandit.

Les muscles lisses se contractent de façon involontaire et inconsciente, et leur activité passe inaperçue aussi longtemps qu'ils fonctionnent bien. Ils contrôlent la progression des aliments dans les intestins : les muscles circulaires compriment les boyaux, et les muscles longitudinaux les élargissent. Les muscles lisses contrôlent également les glandes salivaires, qu'ils compriment pendant la mastication pour mouiller les aliments, et l'iris de l'œil, qui change suivant l'intensité de la lumière.

Le muscle cardiaque est un muscle particulier qu'on ne rencontre que dans le cœur. Il provoque un battement automatique régulier susceptible de s'accélérer ou de ralentir suivant l'intensité de l'activité physique. Les battements s'accélèrent aussi en cas de peur, de colère ou d'anxiété du fait que ces émotions anticipent une activité physique accrue (qui ne se produit pas forcément).

fonctionnement par paires

Les muscles se contractent activement, mais ils ne peuvent s'étirer que passivement. Par conséquent, ils doivent fonctionner par paires, l'un se contractant tandis que l'autre se détend et s'étire. Ainsi, quand les muscles du biceps se contractent, le bras se plie. S'ils se contractent de nouveau, le bras se déplie. Quand le bras se plie et se déplie, il n'y a pas d'étirement musculaire actif, mais deux contractions opposées. Ce système est faiblement développé chez le nouveau-né, mais il se précise à mesure que l'enfant grandit.

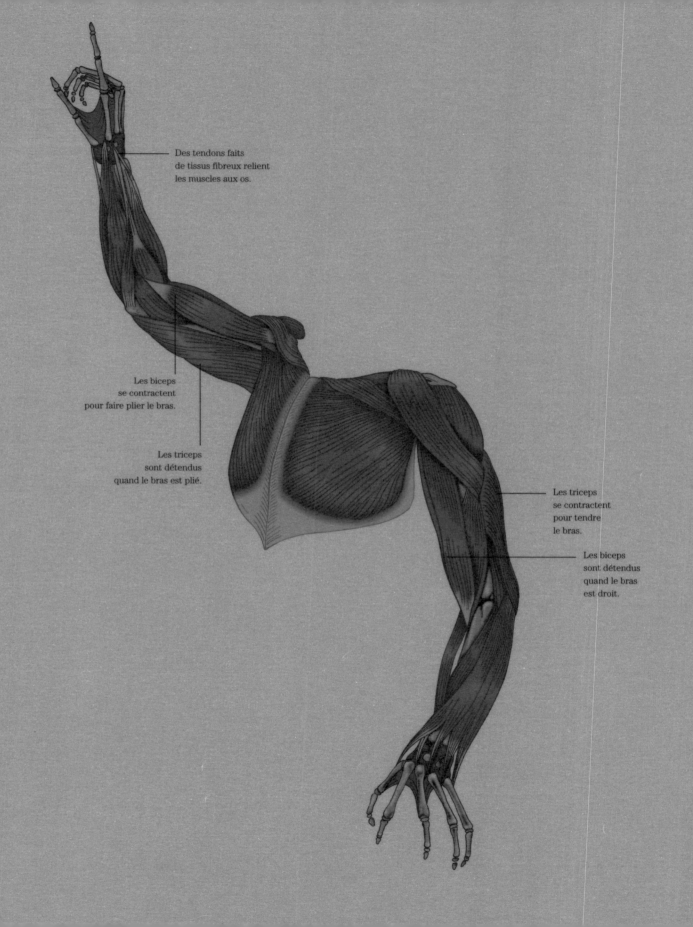

Des tendons faits
de tissus fibreux relient
les muscles aux os.

Les biceps
se contractent
pour faire plier le bras.

Les triceps
sont détendus
quand le bras est plié.

Les triceps
se contractent
pour tendre
le bras.

Les biceps
sont détendus
quand le bras
est droit.

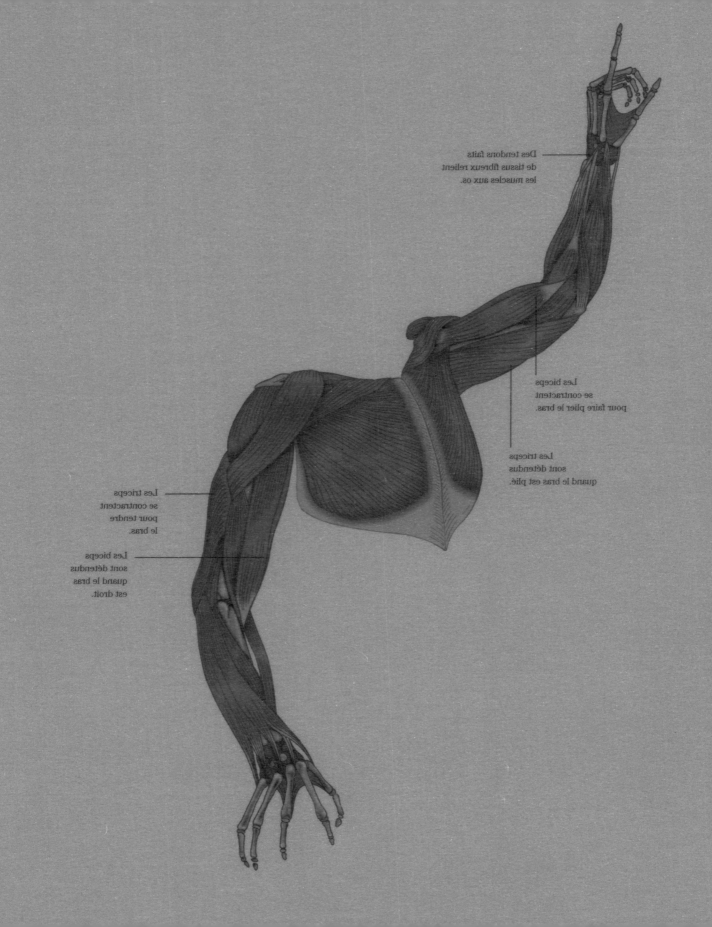

la souplesse

Dans les premiers mois, quand ses os sont encore mous et flexibles, le bébé fait preuve d'une souplesse étonnante. Il peut exécuter des mouvements inhabituels et prendre d'étranges positions réservées, chez l'adulte, aux seuls contorsionnistes. Ainsi, il est capable d'attraper ses orteils avec ses mains pour les porter à sa bouche.

Les massages pour bébés sont très développés aujourd'hui ; certains affirment qu'en massant le bébé une fois par jour on peut améliorer sa souplesse et sa circulation sanguine et l'aider à mieux coordonner ses mouvements et à développer de bonnes postures. La vérité est que, chez le nourrisson en bonne santé, toutes ces améliorations se produisent naturellement au fil de la croissance. Comme le bébé aime les contacts physiques, un massage quotidien ne peut pas lui faire de mal, mais il est peu probable qu'il augmente sa souplesse naturelle. À mesure qu'il grandit, les parties cartilagineuses très souples de son squelette s'ossifient, et sa souplesse diminue en même temps qu'il devient plus fort et plus mobile.

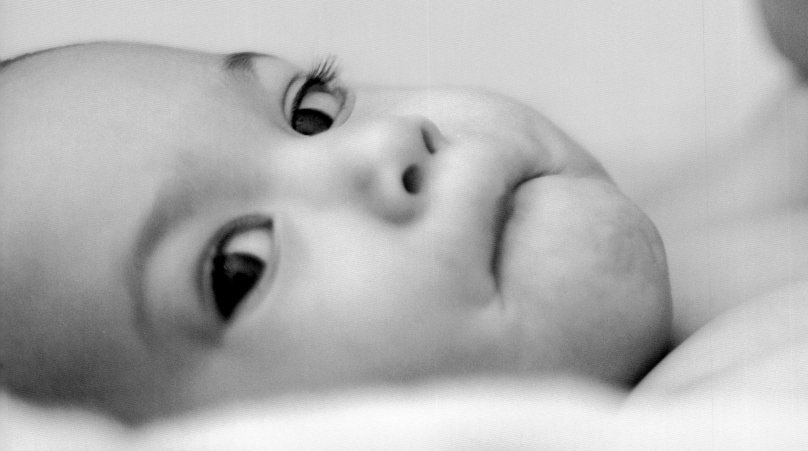

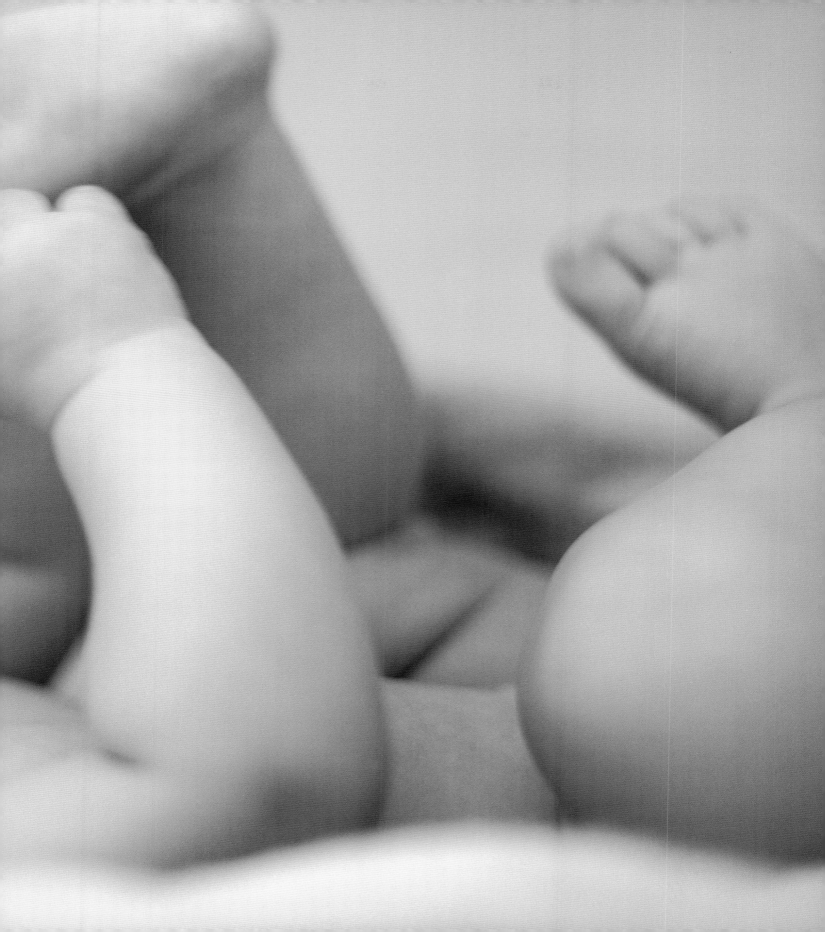

les mains

À la naissance du bébé, ses petites mains sont incapables d'exécuter des mouvements précis. Mis à part le réflexe d'agrippement (voir « Les réflexes du bébé », page 23), tout ce qu'il sait faire avec ses doigts, c'est les serrer. Mais, très vite, il apprend à tendre les mains pour attraper de petits objets. L'étape suivante consiste à attirer les choses vers sa bouche pour les examiner. Puis, peu à peu, à ce réflexe d'agrippement primitif s'ajoutent des gestes de plus en plus précis et complexes.

les premiers mouvements

Pendant les premières semaines suivant la naissance, le bébé garde presque toujours les mains fermées. Puis, vers la sixième semaine, il essaie de tirer sur l'une de ses mains avec l'autre. Vers la huitième semaine, il s'efforce d'ouvrir et de fermer ses doigts, et, s'il voit un jouet accroché devant lui, il le frappe pour le faire bouger.

l'agrippement palmaire

Parvenu à sa douzième semaine, le bébé contrôle mieux les mouvements de ses mains lorsqu'il touche les objets placés près de lui. Il joue avec ses mains et les examine pour voir comment elles fonctionnent. À seize semaines, il essaie de ramener les choses vers lui en se servant de ses deux mains. Pour saisir les choses, il utilise toute la main et non pas seulement ses doigts. Mais si ses mouvements sont encore maladroits, leur éventail s'élargit constamment. Il a tendance à ramener les objets vers sa bouche pour les explorer avec ses lèvres et sa langue.

étreindre et lâcher

Quand le bébé entre dans son septième mois, il se met à jouer avec des blocs de bois et autres jouets du même type. Il peut également faire passer un objet d'une main à l'autre et le lâcher volontairement. À huit mois, il commence à porter des aliments à sa bouche. Si on lui tend une boisson, il prend la tasse entre ses mains et essaie de la porter à sa bouche pour boire tout seul – généralement sans succès. À ce stade, sa dextérité progresse par à-coups.

les mouvements de tenaille

Dorénavant, le bébé s'amuse à battre des mains et commence à savoir remuer un seul doigt à la fois – en général, l'index. Ce progrès annonce l'utilisation séparée des différents doigts ; bientôt, vers son dixième mois, l'enfant saura réunir le pouce et l'index pour saisir de petits objets.

À douze mois, l'enfant est capable de tourner les pages d'un livre, de tenir les objets sans les laisser tomber, d'effectuer des mouvements de tenaille de plus en plus précis, d'empiler des cubes puis de les faire dégringoler et de manger tout seul avec une cuillère. Pendant sa deuxième année, toutes ces aptitudes vont se préciser et s'améliorer, avec un contrôle accru à mesure que les semaines passent.

les empreintes digitales du bébé

Les empreintes digitales apparaissent sur les minuscules doigts du fœtus entre le troisième et le cinquième mois de sa vie intra-utérine. Ces motifs de stries complexes sont différents chez tous les individus et, une fois formés, ils ne changent plus. Même si les empreintes digitales s'agrandissent en même temps que les menottes de l'enfant, le motif reste le même.

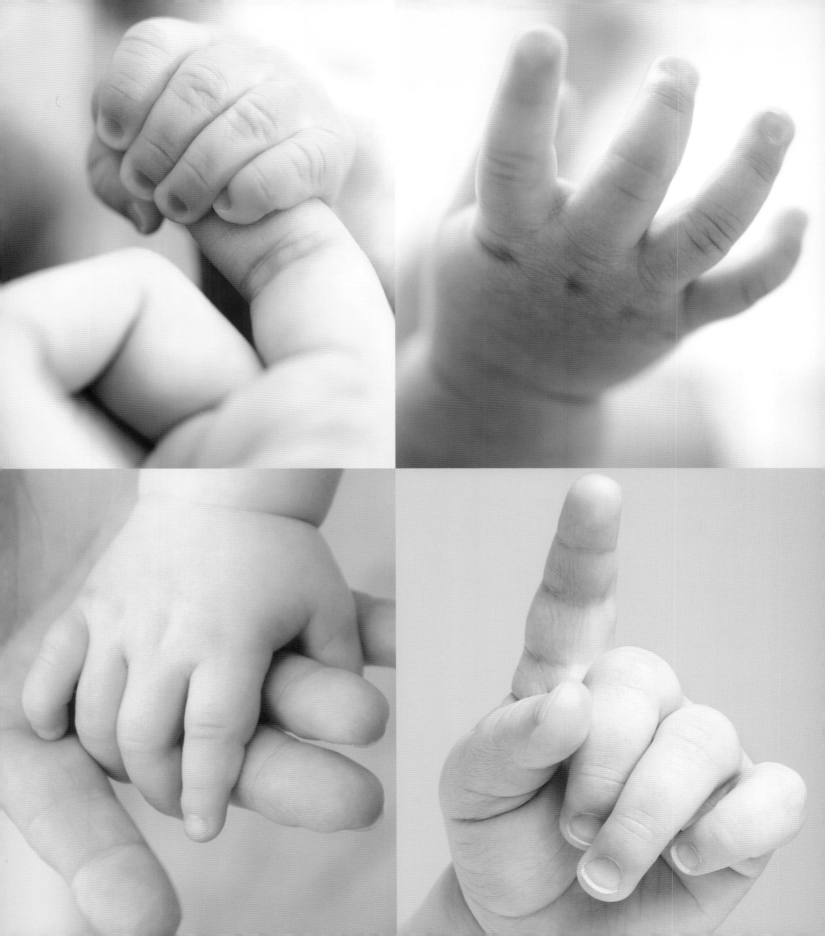

l'activité manuelle

Le bébé passe par toute une série de « phases manuelles » dans les premières années de sa vie. On a l'impression d'assister à un mouvement de balancier : le nourrisson favorise d'abord une main, puis l'autre, revient à la première, et ainsi de suite. Quand ce mouvement de balancier s'interrompt enfin, l'enfant devient définitivement droitier ou gaucher. Mais, aussi longtemps que ce mouvement de balancier se poursuit, il est impossible de savoir sur quelle main il se fixera.

premières tendances

Lorsqu'on tend un objet à un bébé de trois mois, il le saisit des deux mains. Les mouvements des bras restent imprécis, et l'une des mains domine, puis l'autre. Lors de cette phase précoce, on n'observe aucune préférence. Si l'on tend un objet à un bébé de quatre mois, il le saisit d'une seule main, le plus souvent la gauche. Les études montrent qu'à ce stade la préférence pour la main gauche n'a aucune incidence sur l'avenir. Elle disparaît à six mois, et là, il ne subsiste aucune préférence marquée.

le mouvement de balancier

Vers sept mois, le mouvement de balancier s'arrête plutôt vers la droite. Le bébé continue d'essayer d'abord une main, puis l'autre, mais en général, sa préférence va à la main droite. Cependant, cette préférence disparaît vers l'âge de huit mois, et le bébé utilise alors la main droite et la gauche indifféremment. Le pendule bascule à nouveau au neuvième mois, et à ce stade l'enfant favorise nettement la gauche. À dix mois, un nouveau changement intervient, et la main droite reprend le dessus.

Aux environs de onze mois, le bébé retourne parfois vers la main gauche, mais, dans la plupart des cas, c'est la main droite qui domine. Cette situation persiste jusqu'au douzième mois, et on pourrait se figurer qu'à ce stade la préférence est définitive. Pourtant, ce n'est pas le cas.

nouvelles expériences

Vers l'âge de vingt mois, on relève à nouveau une certaine confusion, et le nourrisson recommence à utiliser ses deux mains indifféremment. À la fin de la deuxième année, la main droite reprend le dessus. Puis, entre l'âge de deux ans et demi et trois ans et demi, il traverse une nouvelle période de confusion, et aucune main ne domine. Enfin, vers l'âge de quatre ans, l'enfant se décide pour l'une ou l'autre main. Cette préférence va aller en s'accentuant au fil du temps, et à huit ans l'enfant est définitivement gaucher ou droitier.

gaucher ou droitier ?

À ce stade, neuf enfants sur dix sont droitiers. Personne ne sait au juste pourquoi l'être humain favorise la main droite. L'étude de haches anciennes a montré que cette préférence existait déjà il y a au moins 200 000 ans et qu'il ne s'agit pas d'un phénomène propre aux temps modernes.

La position du fœtus dans l'utérus pourrait fournir quelques indices. En effet, vers la fin de la vie intra-utérine, le bébé opte pour une certaine position. Dans la plupart des cas, son côté droit est tourné du côté du corps de la mère. On pourrait en déduire que le côté droit reçoit plus de stimulations pendant cette période et prend par conséquent une certaine avance sur le côté gauche. Dans la plupart des cas, on dénombre un plus grand nombre de nerfs de ce côté-là que du côté gauche. Enfin, à la naissance, on observe une plus grande activité électrique dans la partie du cerveau qui contrôle le côté droit du corps, ce qui pourrait permettre de conclure qu'il y a une légère préférence pour la droite dès le départ.

se déplacer en roulant

Rouler par terre est le premier moyen de locomotion de beaucoup d'enfants. Lorsqu'un jouet est hors de sa portée, le bébé essaie désespérément de l'atteindre, et à sa grande surprise il se met à rouler sur le côté en direction de l'objet. Tout excité, il s'efforce de répéter sa prouesse, et c'est ainsi qu'il apprend à se déplacer en roulant.

du ventre sur le dos

Le bébé posé à plat ventre peut apprendre à se renverser sur le dos dès la fin du troisième mois. Environ un tiers des « bébés rouleurs » réussissent cette manœuvre. Dans un premier temps, le nourrisson essaie de soulever sa tête le plus haut possible, puis roule sur le côté. À mesure que ses bras et son cou se musclent, ce mouvement devient plus facile et plus prononcé, jusqu'au moment où il parvient carrément à se retourner sur le dos. L'étape suivante consiste à rouler exprès pour se rapprocher de quelque chose – jouet ou autre.

du dos sur le ventre

Chez la plupart des bébés, le roulement inversé – passer du dos sur le ventre – intervient généralement plus tard, vers l'âge de cinq mois. À six mois, plus de 90 % des enfants savent rouler et utilisent cette manœuvre pour se déplacer. Quelques enfants réussissent d'abord le roulement inversé. D'autres n'apprennent jamais à rouler ni dans un sens ni dans l'autre et passent directement à la position assise et aux mouvements de reptation.

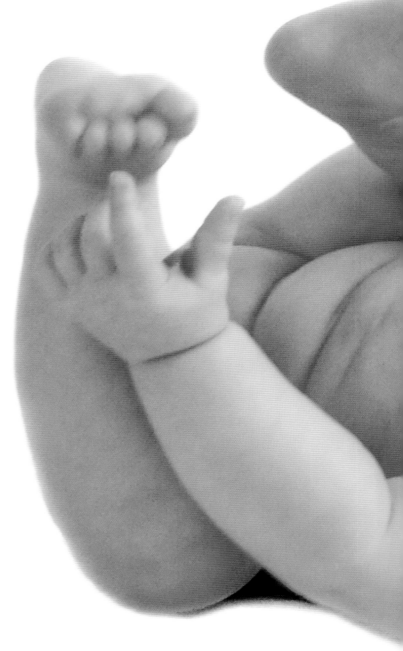

rouler sans danger

Dès que le bébé commence à rouler, les parents doivent se montrer très prudents et éviter de le laisser sans surveillance sur un lit ou une table à langer. Cela ne signifie pas qu'il faille lui interdire de rouler. Au contraire, il faut l'y encourager en plaçant des objets hors de sa portée, mais pas trop loin. Rouler en toute sécurité est un excellent exercice qui l'aide à développer sa musculature et à coordonner ses mouvements.

la position assise

Dans les premiers mois de sa vie, le bébé passe la plus grande partie de son temps couché sur le dos, les yeux fixés au plafond. Mais quand ses parents le soulèvent pour le tenir dans leurs bras, il découvre une nouvelle perspective sur le monde.

on y est presque !

Tout change lorsque son cou commence à se muscler et que le bébé réussit à lever la tête. Bientôt, avec l'aide de ses parents, il essaie de s'asseoir, mais sans succès. Ses muscles se développent lentement, et il faut se montrer patient. Bientôt, il franchira un cap décisif et parviendra à s'asseoir tout seul.

la position du trépied

Dès que le bébé réussit à s'asseoir avec l'aide de ses parents, vers l'âge de trois mois, il essaie de renouveler son exploit tout seul. Mais s'il y parvient parfois, il n'a pas encore suffisamment d'équilibre pour maintenir longtemps cette position qui lui donne une nouvelle perspective sur le monde. Il adopte donc la position du « trépied », qui consiste à s'appuyer sur ses deux mains posées par terre.

sans les mains !

Le bébé apprend généralement à s'asseoir tout seul entre quatre et sept mois. Son cou, son dos et ses membres se musclent, et à son grand émerveillement il réussit à s'asseoir sans l'aide de ses parents. C'est généralement vers les cinq mois que cela se produit, mais, chez certains retardataires, il faut attendre l'âge de huit mois. En position assise, l'enfant a les mains libres, ce qui lui permet d'attraper des objets pour les examiner. Si on lui donne des jouets adaptés, c'est tout un monde d'exploration qui s'ouvre à lui.

et c'est parti !

Entre sept et neuf mois, le bébé réussit à garder la position assise pendant plusieurs minutes. Mais, bientôt, il va franchir un nouveau seuil : il va réussir à marcher à quatre pattes. S'il est assis, il lui suffit pour cela de se pencher en avant et de poser les mains par terre. Ensuite, il avance les mains et les genoux à tour de rôle… Et c'est parti !

marcher à quatre pattes

Le bébé apprend à marcher à quatre pattes entre l'âge de cinq et huit mois. Ses précédents moyens de locomotion, roulades ou reptation, étaient lents alors que la progression sur les mains et les genoux peut être étonnamment rapide, ce qui l'encourage à explorer le monde qui l'entoure.

à quatre pattes

La forme de reptation la plus primitive consiste à se traîner sur le ventre. Cependant, c'est un moyen de locomotion lent et laborieux, et bientôt, vers l'âge de cinq mois, le bébé apprend à soulever son ventre pour avancer sur les mains et les genoux. Dès lors, il découvre la joie de se déplacer rapidement pour explorer le monde fascinant qui l'entoure.

Marcher à quatre pattes ne consiste pas à avancer les mains et les pieds, mais les mains et les genoux, puisque les jambes restent pliées. Dès que le bébé découvre ce moyen de locomotion, il est parfois tellement excité qu'il se met à ramper à reculons, alors que le jouet convoité se trouve devant lui ! Il semble que le mouvement de recul lui soit plus facile, et il doit encore apprendre à se diriger dans l'espace.

Entre l'âge de neuf et douze mois, le nourrisson apprend à mieux coordonner ses mouvements et atteint une vitesse honorable. En apprenant à « marcher » à quatre pattes de plus en plus vite, il se muscle, ce qui le prépare à se mettre debout. Pour l'inciter à ramper plus souvent, il suffit de disposer des jouets intéressants autour de lui, mais hors de sa portée.

variantes

L'âge où le bébé commence à marcher à quatre pattes varie énormément suivant les individus. Environ 8 % des nourrissons commencent avant le cinquième mois. À l'inverse, 6 % ont plus de dix mois quand ils découvrent ce moyen de locomotion. Quelques-uns, plus rares, n'apprennent jamais à marcher à quatre pattes et passent directement des roulades et glissades à la position debout.

les risques

Le bébé est très curieux et, dès qu'il réussit à marcher à quatre pattes, il arrive qu'il prenne des risques pour satisfaire sa soif de découverte. Ainsi, il adore enfoncer ses doigts dans les prises électriques, jouer avec les boutons de télévision et les câbles qui se cachent derrière, tirer les pans de la nappe et se glisser dans des placards pleins de détergents et autres produits chimiques. Il aime tout particulièrement ramasser les petits objets pour les mettre dans sa bouche. Les parents doivent se montrer vigilants et prendre toutes les précautions nécessaires afin d'éviter les accidents.

la position debout

Le moment où le nourrisson parvient à se mettre debout tout seul représente une étape déterminante. L'âge où cela se produit varie suivant les enfants, mais en général il se situe aux alentours de huit mois. Environ 25 % des bébés réussissent à se mettre debout un peu plus tôt, d'autres n'y parviennent que plus tard, 5 % n'apprennent à tenir debout tout seuls qu'à partir de douze mois.

se mettre debout tout seul

Le nourrisson n'apprend pas à se mettre debout tout seul du jour au lendemain. Cela se fait en trois étapes.
Au départ, le bébé se met debout avec l'aide de ses parents. Ainsi, il peut éprouver la force de ses jambes et voir quel effet cela fait de se retrouver dans cette position. Si ses parents relâchent leur prise, il sent ses jambes se dérober sous lui et comprend qu'il n'est pas encore prêt. Mais,

dès qu'il a goûté aux joies de la position verticale, il commence à prendre appui sur les meubles pour se redresser tout seul. Une fois dans cette position, il regarde autour de lui d'un air victorieux, mais son triomphe est de courte durée, car il part bientôt en arrière et retombe lourdement sur ses fesses. Il recommence sans se décourager jusqu'au jour où, enfin, il réussit à rester debout sans basculer.

les articulations

Le corps humain compte 230 articulations. Certaines sont fixes et n'autorisent aucun mouvement, mais la plupart permettent les changements de position. Chez le nouveau-né, elles ne fonctionnent pas efficacement, car les parties de l'organisme concernées (squelette, muscles et système nerveux) ne sont pas suffisamment développées. Dans les deux premières années de vie extra-utérine, cependant, tous ces systèmes entrent en action, et, dès le deuxième anniversaire de l'enfant, toutes ses articulations fonctionnent.

les articulations fibreuses

Ces articulations relient les os sans permettre le moindre mouvement. Les os du crâne et de la ceinture pelvienne sont rigides, les différentes parties étant reliées par des articulations fibreuses. Celles-ci se développent aussi dans la colonne vertébrale quand les os commencent à fusionner dans le cadre du processus de croissance.

les articulations cartilagineuses

Ce sont les articulations où les os sont reliés entre eux par du cartilage. Elles permettent très peu de mouvements. Les côtes et les vertèbres entrent dans cette catégorie.

les articulations synoviales

Les articulations synoviales sont réellement mobiles et interviennent dans les principaux mouvements du corps. Chaque fois que deux os se rencontrent, il y a risque de frottement ; le cartilage qui les recouvre fait tampon entre les surfaces dures. Par ailleurs, les cavités des articulations mobiles sont tapissées par une membrane synoviale qui sécrète un liquide visqueux lubrifiant. Il existe sept types d'articulations synoviales.

C'est l'articulation à emboîtement (également dite « à trois axes ») qui permet la plus grande liberté de mouvement. Le bébé en possède quatre – deux au niveau de l'épaule et deux au niveau des hanches. Au niveau des hanches, l'extrémité arrondie du fémur s'emboîte dans une cavité de la ceinture pelvienne. De même, au niveau des épaules, l'humérus s'emboîte dans une cavité de l'omoplate.

La cavité articulaire située au niveau de l'épaule est moins profonde que celle de la hanche, ce qui permet plus de mouvements au bras qu'à la hanche, ainsi qu'à n'importe quelle autre partie du corps.

L'articulation ellipsoïde est similaire à la rotule, mais elle permet moins de liberté de mouvement. Le poignet possède une articulation ellipsoïde, de même que les doigts à la jonction avec la paume de la main.

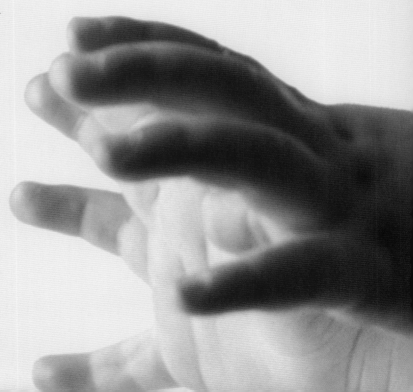

Ces articulations permettent des mouvements de flexion et d'extension, ainsi que des mouvements de va-et-vient latéral. Lorsque ces deux éléments se conjuguent, ils créent une forme de rotation beaucoup plus grossière que celle de la rotule.

L'articulation en selle est extrêmement mobile et permet des mouvements verticaux et d'avant en arrière, une extrémité osseuse concave s'imbriquant dans une autre cavité. La cheville et la base du pouce possèdent des selles.

La diarthrose ne permet que des mouvements – extension et flexion – verticaux ou d'avant en arrière. Le coude possède une diarthrose.

L'articulation condylienne est similaire à la diarthrose, mais elle permet aussi des mouvements de rotation. En raison de la complexité du mécanisme du genou et de son importance pour les bipèdes que nous sommes, cette articulation possède un dispositif de protection supplémentaire constitué de petits sacs emplis de fluide appelés « bourses » qui servent à amortir les chocs.

Placée entre les articulations des orteils, l'articulation plane ou arthrodie n'autorise que peu de mouvements. Elle se situe entre deux os à surface articulaire plane.

La diarthrose rotatoire permet la rotation autour d'un axe. Elle est placée entre deux vertèbres du cou, l'atlas et l'axis, où elle permet la rotation de la tête. L'avant-bras possède aussi des diarthroses rotatoires, ce qui permet au radius et au cubitus de s'enrouler l'un autour de l'autre.

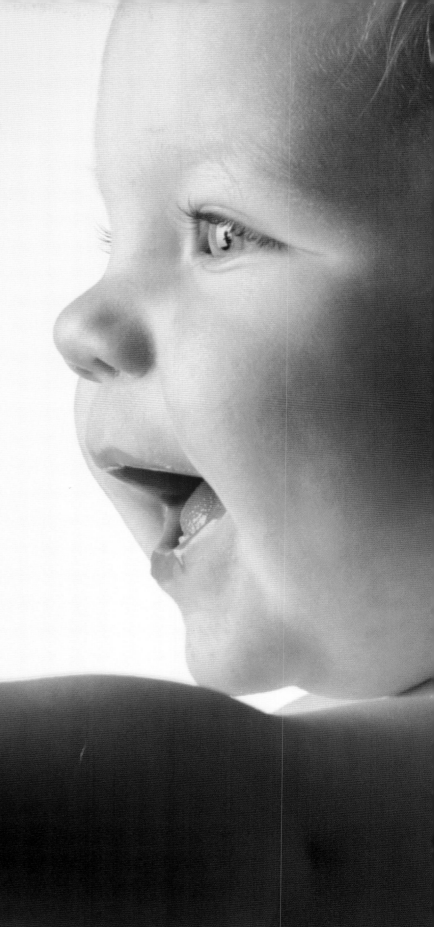

apprendre à marcher

La marche verticale distingue le bébé humain de tous les autres petits mammifères. Quelque 4 000 espèces de mammifères peuplent aujourd'hui la planète, mais seule une d'entre elles est véritablement bipède. Les kangourous pourraient aussi être qualifiés de bipèdes, mais ils ne marchent pas, ils avancent par bonds. Les singes et les ours peuvent faire quelques pas sur leurs pattes arrière, mais seuls les humains marchent toujours en position verticale.

le monde vertical

Nous avons tendance à trouver que cela va de soi, et pourtant la marche verticale est l'un des acquis qui distinguent l'homme des autres mammifères. Les premières expériences du bébé en ce qui concerne le moyen de locomotion debout constituent une étape majeure de sa vie, puisqu'elles lui font quitter le monde des quadrupèdes pour le faire entrer dans la société humaine bipède.

une étape importante

Apprendre à marcher est une étape décisive dans la lente progression de l'enfant en direction de l'indépendance. La plupart des bébés apprennent à marcher seuls entre l'âge de douze et quinze mois, les garçons accusant un léger retard par rapport aux filles. Les premiers pas sont le résultat de plusieurs mois d'efforts au cours desquels on a assisté au développement du système musculaire de l'enfant et à une amélioration de son équilibre et de la coordination de ses mouvements.

une progression naturelle

La capacité de marcher résiste aux pratiques les plus
restrictives. Même dans les sociétés tribales où les mères
attachent leurs bébés à des planches et les portent pendant
des périodes prolongées, les nourrissons finissent par
apprendre à marcher à la verticale, bien qu'ils accusent
parfois un léger retard par rapport aux enfants d'autres
cultures. Cela prouve que le bébé humain est programmé
avant la naissance.

six étapes pour marcher

Les premiers signes précurseurs de la marche apparaissent quelques jours après la naissance. Soutenu par ses parents de façon que ses jambes touchent à peine le sol, le nouveau-né donne de vigoureux coups de pied en avant. Ce sont là des réflexes incontrôlables (voir « Les réflexes du bébé », page 23). Ils disparaissent au bout de quelques semaines mais indiquent clairement que le mouvement de marche bipède est profondément inscrit dans le cerveau humain.

deuxième étape

À deux mois, le bébé se montre incapable de faire le moindre mouvement annonçant la marche. Désormais, si ses parents le soutiennent comme précédemment, ses genoux ploient sous lui, et il ne donne plus de coups de pied.

troisième étape

Vers trois mois, parfois un peu plus tard, au lieu de plier les genoux lorsqu'on le soutient, le bébé raidit les jambes comme s'il essayait de tenir debout. Au fil des semaines, ses jambes se musclent et semblent de plus en plus capables de supporter son poids quand ses parents le maintiennent dans la position verticale.

quatrième étape

Entre six et neuf mois, le nourrisson essaie de prendre appui sur un meuble pour se mettre debout tout seul. Dès qu'il y parvient, il examine son nouveau domaine pendant un moment avant de retomber lourdement sur le derrière. Si le bébé ne se fait pas mal, ce petit échec ne le décourage pas longtemps, et il renouvelle bientôt sa tentative. Petit à petit, il s'habitue à sentir ses jambes le porter.

cinquième étape

Entre le neuvième et le douzième mois, l'enfant apprend vraiment à marcher avec l'aide de ses parents. Il ébauche quelques pas hésitants, puis perd l'équilibre. Bien que ses parents l'empêchent de tomber, il trouve ces échecs extrêmement frustrants. Désormais, il sait exactement où il veut en arriver et se fâche s'il n'y parvient pas. Mais il persévère, parvenant à un meilleur contrôle à chaque nouvelle tentative, jusqu'au moment où il réussit à faire ses premiers pas tout seul dans la pièce.

sixième étape

Le bébé fait ses premiers pas en tenant les mains en l'air et en pliant les coudes comme pour se tenir en équilibre. Les pas sont très écartés et de longueur inégale, mais au bout de quelques semaines le nourrisson contrôle mieux ses mouvements et cesse d'utiliser ses bras comme balancier. À dix-huit mois, la plupart des enfants marchent avec assurance, et les chutes sont rares.

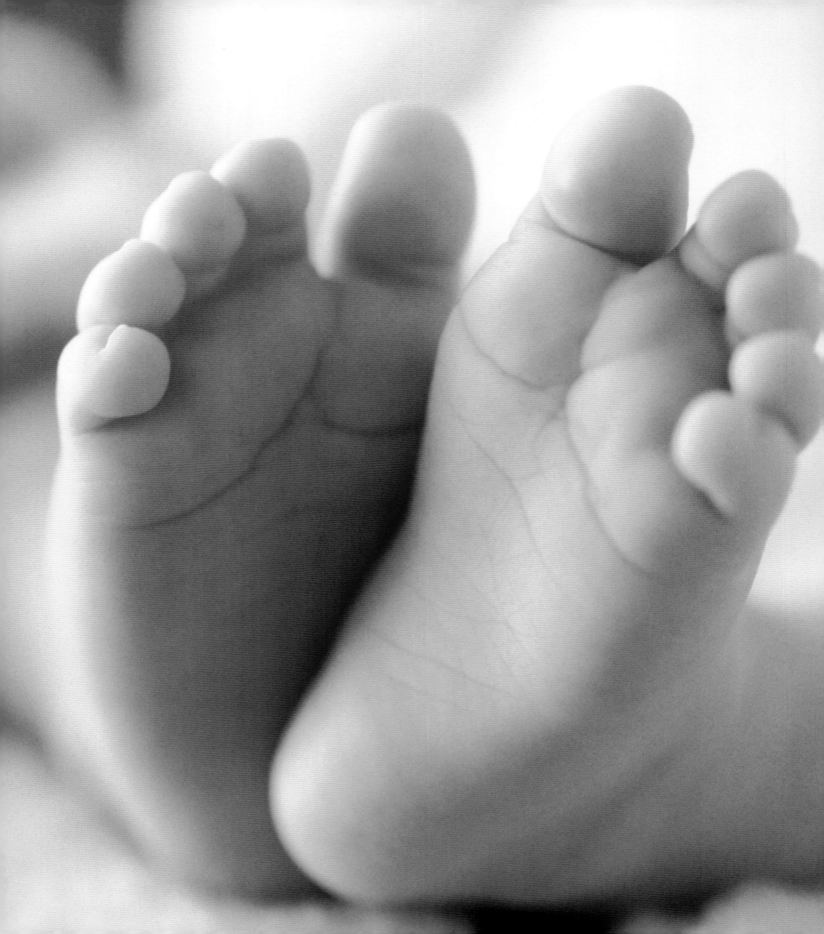

les pieds

À la naissance, les pieds du nouveau-né font un tiers de leur taille adulte ; à un an, la moitié. Ils sont capitonnés de graisse, ce qui les rend beaucoup plus mous et plus ronds. Ils sont aussi plus souples, du fait que les os en sont encore au stade cartilagineux. En outre, ils tendent à être tournés vers l'intérieur en raison de la longue compression subie par le fœtus pendant la vie intra-utérine. Quand le bébé commence à marcher, ces particularités ont pratiquement disparu.

des pieds droits

La position des pieds du nouveau-né se rectifie au fil des mois. Certains parents s'inquiètent de voir leur nourrisson faire ses premiers pas avec les orteils tournés vers l'intérieur, mais c'est parfaitement normal, et ce défaut disparaît naturellement dès que le bébé commence à mieux marcher. Il est inutile de chercher à accélérer le processus.

chaussures

Autrefois, on conseillait aux parents de faire porter des chaussures orthopédiques à semelle rigide aux enfants car on pensait qu'ils avaient les chevilles fragiles et les pieds plats. Mais, depuis, les études ont montré qu'en réalité les nourrissons n'ont pas les pieds plats. Si l'on repasse au ralenti des vidéos de jeunes enfants en train d'ébaucher leurs premiers pas, on constate qu'ils exécutent un mouvement, allant du talon aux orteils, similaire à celui des adultes. En outre, leurs chevilles leur assurent un excellent équilibre. Tout ce dont ils ont besoin, c'est d'une période d'entraînement qui leur permette de se familiariser avec ce nouveau mode de locomotion et de développer leur musculature et leurs ligaments.

marcher pieds nus

Les études portant sur les enfants de cultures primitives qui apprennent à marcher pieds nus montrent qu'ils présentent moins de problèmes de pieds par la suite que ceux des pays où le port de chaussures est la norme. Quand on laisse le nourrisson marcher pieds nus, ses pieds se développent d'une manière plus naturelle, ils sont plus musclés et ont des mouvements mieux coordonnés. Idéalement, il ne faudrait chausser les bébés qu'avant de sortir, pour les protéger des blessures et des intempéries.

grimper

Entre sept et douze mois, le bébé maîtrise suffisamment bien la marche à quatre pattes pour avoir envie de découvrir autre chose ; grimper l'attire particulièrement. Cet exercice lui permet de voir le monde de plus haut, ce qui ne l'effraie pas du tout. Cependant, ces nouvelles aventures ne sont pas sans danger. Tout excité, l'enfant n'a pas conscience des risques qu'elles comportent et se trouve totalement pris au dépourvu lorsqu'un problème survient.

la fascination des escaliers

Les nourrissons sont fascinés par les escaliers. La marche à quatre pattes est parfaitement adaptée pour se hisser en haut des marches à toute vitesse. L'intrépide alpiniste, qui n'est jamais tombé dans un escalier, n'a pas du tout peur tandis qu'il accède à une hauteur de plus en plus impressionnante. Mais, soudain, il se trouve confronté à un problème difficile. Estimant que le jeu a assez duré, il se demande comment redescendre. Se retourner pour descendre la tête la première serait périlleux, car son centre d'équilibre est mal placé. À ce stade, le secours d'un adulte lui est indispensable.

apprendre sans danger

Pour les enfants les plus intrépides, le mieux est d'installer une barrière devant l'escalier. Cette solution marche bien au début, mais au bout d'un moment le nourrisson a envie d'escalader l'obstacle. Le parc à bébé d'où le petit enfant ne peut s'échapper est une solution plus drastique. S'il est bien pourvu en jouets, il tiendra l'enfant occupé pendant quelque temps. Le parc à bébé peut également servir de solution d'appoint quand l'adulte doit relâcher sa surveillance pour s'occuper d'autre chose. Mais le confinement finit par frustrer le nourrisson, naturellement avide de découverte.

essayer d'attraper les objets

Tout objet inaccessible exerce un attrait irrésistible sur le nourrisson de sept à douze mois. Le bébé se hisse jusqu'à lui et tend la main pour essayer de l'attraper, ne parvenant le plus souvent qu'à le faire dégringoler. La curiosité ne connaît pas de limites à cet âge, et il est étonnant de voir le nombre de dangers qu'une maison ordinaire peut comporter pour les enfants les plus aventureux.

La meilleure solution est une salle de jeux d'où l'on a éliminé tout danger, mais où le bébé a suffisamment de place pour exercer ses nouvelles aptitudes. En disposant sur un tapis différents petits obstacles à escalader, on l'habitue à tomber sans se blesser. Il doit apprendre la prudence, et pour cela rien ne vaut quelques chutes inoffensives.

les grimpeurs et les non-grimpeurs

Bizarrement, l'escalade ne tente pas tous les nourrissons. Certains ne résistent pas à l'envie de grimper, d'autres y cèdent de temps en temps, d'autres encore préfèrent rester en bas. Les bébés les plus aventureux ont besoin d'une surveillance accrue. Un jour, un père occupé à réparer le toit de sa maison eut la surprise d'entendre derrière lui la voix de son enfant, à peine âgé de deux ans : « Papa ! » Le bébé l'avait tout simplement suivi en escaladant l'échelle !

la santé

un bébé en bonne santé

Le nouveau-né jouit d'une protection naturelle contre les maladies. Outre un mécanisme défensif inné, il tire aussi une certaine immunité du sang de sa mère pendant la vie intra-utérine. Si le nourrisson est nourri au sein, le lait maternel, riche en anticorps, lui assure une immunité encore plus grande, en particulier pendant les premiers jours suivant sa naissance, quand il reçoit le pré-lait ou colostrum.

Malheureusement, cette protection maternelle ne dure que quelques mois, elle n'est là qu'à titre temporaire, en attendant que le système immunitaire du bébé prenne le relais. Ensuite, du fait de l'exposition à des infections mineures, celui-ci apprend à construire ses propres défenses en fabriquant des anticorps qui le protégeront ultérieurement en cas d'infections plus graves (voir « Le système immunitaire du bébé », page 96).

la vaccination

Un certain nombre de vaccins aident le bébé à combattre les maladies les plus dangereuses. Au Québec, le nourrisson reçoit cinq ou six vaccins dans ses deux premières années. S'il est vrai que certains enfants ressentent des effets secondaires comme de légères fièvres, il est généralement admis que les bienfaits de l'immunisation l'emportent sur les risques.

Le vaccin est préparé à partir de bactéries ou de virus tués ou affaiblis que l'on introduit dans l'organisme du bébé par voie orale ou par injection et qui poussent le système immunitaire à fabriquer des anticorps sans provoquer la maladie qu'ils auraient entraînée s'ils n'avaient pas été affaiblis. Dès que le bébé commence à produire des anticorps, il est immunisé pour une période prolongée.

les multivaccins

La sécurité de la multivaccination, qui vise à protéger l'enfant contre cinq maladies à la fois en une seule injection, a récemment fait l'objet de controverses. Administrés, au Québec, à l'âge de deux, quatre et six mois, les multivaccins protègent le bébé contre la diphtérie, le tétanos, la coqueluche, l'*Haemophilus influenzae* de type B (Hib) et la poliomyélite. Les critiques affirment que l'on risque de surcharger le système immunitaire du bébé, mais les autorités médicales soutiennent que les dangers sont faibles ou inexistants. On peut également protéger l'enfant contre l'hépatite B grâce à une injection administrée peu après la naissance et contre d'autres affections comme la rougeole, la rubéole et les oreillons grâce à une injection administrée entre douze et dix-huit mois.

la vigilance parentale

Le bébé humain fait preuve d'une remarquable résilience : il guérit vite et possède un bon système immunitaire. Pourtant, il lui faut beaucoup de temps pour développer la conscience et les aptitudes motrices nécessaires pour se garder des périls qui l'entourent. Les villes et les bâtiments modernes regorgent de dangers introduits par l'homme comme les nombreux produits ménagers toxiques, et les enfants ne possèdent pas de protections naturelles contre eux.

Le bébé doit donc apprendre par expérience à se prémunir du danger. Les coups et les blessures sont inévitables, mais ils font partie du processus d'apprentissage grâce auquel l'enfant acquiert une plus grande dextérité et une intuition qui lui permettent de les éviter. Les parents doivent s'efforcer de rendre son environnement plus sûr sans pour autant l'appauvrir, de façon qu'il puisse s'épanouir pleinement sans se mettre en péril.

symptômes de maladies

Le bébé souffre souvent d'affections mineures tandis qu'il construit ses défenses contre une foule de maladies courantes et sait très bien avertir ses parents qu'il se sent mal. S'il pleure et que toutes les causes habituelles – faim, chaud, froid, couches souillées, solitude, peur – ont été écartées, il se peut qu'il ait mal quelque part.

Les montées ou chutes de température brutales, les vomissements et les diarrhées, un comportement apathique, des sueurs froides, une accélération prolongée de la respiration ou une mollesse excessive du corps sont des symptômes à ne pas négliger. S'ils persistent, il faut consulter un médecin.

les rhumes

Le bébé peut s'enrhumer tout comme l'adulte, mais malheureusement il est incapable de prendre un mouchoir pour se moucher. En fait, les enfants attrapent plus souvent froid que les adultes – cela fait partie de leur développement immunitaire. Malgré des années de recherche, la science n'a pas trouvé de remède contre cette maladie extrêmement courante, et le nourrisson doit attendre que cela passe. Cependant, il a besoin d'un peu plus d'aide que l'adulte. Quand son nez est bouché, il a du mal à téter, puisqu'il lui faut respirer par la bouche en même temps.

les bébés fiévreux

La fièvre apparaît quand l'organisme est en « surchauffe », généralement à cause d'une infection. La fièvre n'est pas inquiétante en soi. Mais elle montre que l'enfant lutte contre un intrus, et si elle persiste ou monte en flèche, il faut consulter un médecin.

la colique

Un ou deux bébés sur dix souffrent de coliques. Les symptômes apparaissent environ une semaine après la naissance et peuvent durer jusqu'à trois mois ou plus. Le bébé pleure ou crie pendant des heures, le plus souvent en début de soirée, en repliant les jambes sur son ventre comme s'il avait très mal. On ne connaît pas les causes de cette affection, mais on pense qu'il s'agit d'un problème digestif ou d'une tension du système nerveux encore immature.

les allergies

Certains bébés ont un système immunitaire hyperactif qui réagit devant des substances habituellement inoffensives comme s'il s'agissait de dangereux intrus. Leur système immunitaire libère alors des substances chimiques pour lutter contre l'envahisseur. Comme il n'y a pas de véritable ennemi à combattre (virus ou bactéries), la réaction immunitaire irrite l'organisme. Il faut quelque temps pour que les réactions allergiques se mettent en place, et au départ on n'observe aucun symptôme apparent. C'est au bout de quelques mois que les symptômes commencent à apparaître – éternuements, écoulement nasal, démangeaison des yeux, toux sèche, éruption cutanée ou problèmes intestinaux. Les symptômes les plus graves comme une respiration sifflante ou un gonflement de la bouche et de la langue appellent une attention médicale immédiate.

Pour que le problème se manifeste, il faut que l'enfant entre en contact avec la substance allergène par le toucher, par la respiration, par absorption orale ou par injection. Parmi les allergènes les plus courants, on citera la laine, les oreillers en duvet ou en plumes, les détergents contenant de l'eau de Javel, les savons parfumés et certains produits ménagers en aérosol. Certains aliments et médicaments, les insectes, les squames des animaux domestiques et les acariens peuvent aussi provoquer des allergies. En général, il est très difficile d'identifier la cause avec précision. On ignore pourquoi certains tempéraments sont allergiques et d'autres non.

le système immunitaire du bébé

Pendant la vie intra-utérine, certains anticorps de la mère traversent le placenta et protègent le fœtus des maladies et des infections. Après sa venue au monde, le nouveau-né continue d'en recevoir par le biais du lait maternel, mais cette protection ne dure que quelques semaines et, à mesure qu'il devient moins dépendant de sa mère, le bébé développe ses propres formes de résistance.

les premières lignes de défense

Nous sommes constamment environnés de micro-organismes infectieux, et il est étonnant de voir combien même le plus jeune bébé est équipé pour leur résister. Tous les virus, bactéries et champignons qui essaient d'envahir son organisme doivent d'abord franchir plusieurs lignes de défense, à commencer par la peau. Si des envahisseurs étrangers réussissent à pénétrer son organisme, celui-ci met en place une réaction inflammatoire en libérant des substances chimiques comme l'histamine qui élargissent les vaisseaux sanguins et attirent les globules blancs vers le point d'infection pour vaincre l'envahisseur. Parmi les autres lignes de défense précoces, citons les fluides corporels antibactériens comme la salive, les larmes et les sucs digestifs. Les poils et le mucus défendent quant à eux le système respiratoire.

le système lymphatique

Le système immunitaire repose sur l'identification des antigènes étrangers. Les adénoïdes et les amygdales jouent un rôle important dans la destruction des organismes envahisseurs, ce qui est essentiel chez les enfants, particulièrement exposés aux infections du nez et de la gorge. Ces organes font partie du système lymphatique, le réseau de canaux et de vaisseaux qui acheminent la lymphe (fluide du système immunitaire) dans tout le corps.

les globules blancs

La lymphe contient les globules blancs défensifs, qui se divisent en deux catégories : les macrophages, qui détruisent les corps étrangers, et les lymphocytes, qui fabriquent des anticorps pour assurer au sujet une immunité durable contre les infections.

Les lymphocytes se forment dans le thymus, où ils sont exposés à des hormones qui les aident à cibler des pathogènes spécifiques. En raison de l'importance de son rôle dans le système immunitaire du bébé, le thymus est plus développé chez ce dernier que chez l'adulte.

La lymphe voyage dans les vaisseaux lymphatiques et retourne dans le sang. Quand elle traverse les ganglions lymphatiques (situés dans le cou, les aisselles et l'aine), les agents pathogènes sont filtrés et détruits par les globules blancs. En cas d'infection, il arrive que les ganglions lymphatiques gonflent et deviennent mous.

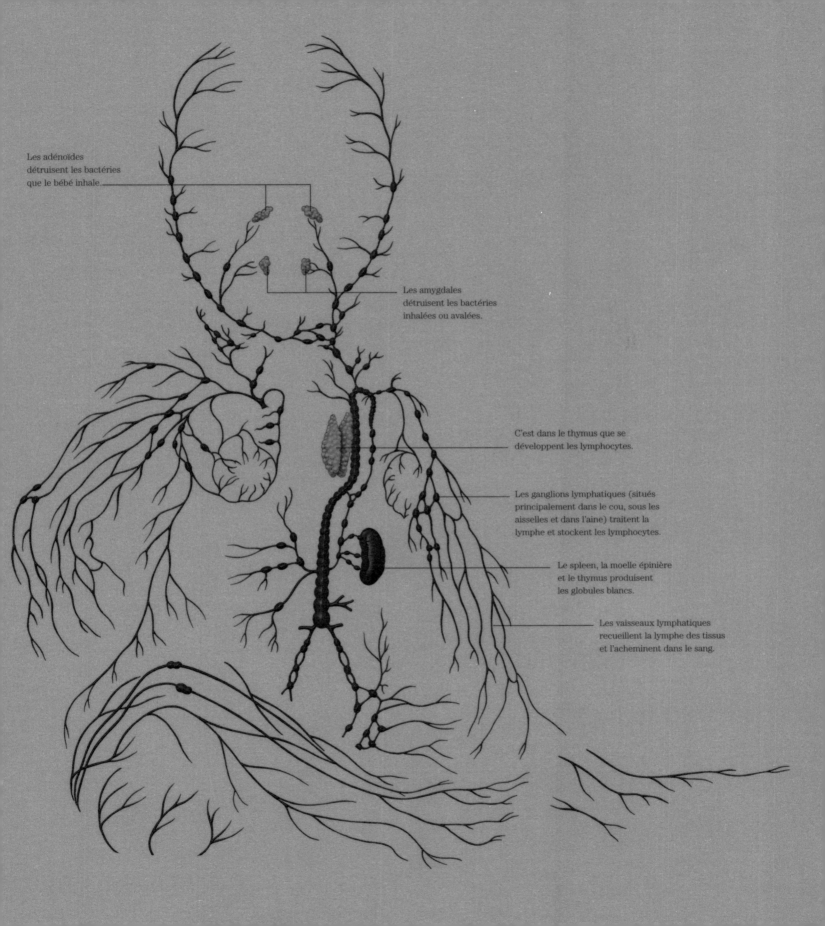

Les adénoïdes
détruisent les bactéries
que le bébé inhale.

Les amygdales
détruisent les bactéries
inhalées ou avalées.

C'est dans le thymus que se
développent les lymphocytes.

Les ganglions lymphatiques (situés
principalement dans le cou, sous les
aisselles et dans l'aine) traitent la
lymphe et stockent les lymphocytes.

Le spleen, la moelle épinière
et le thymus produisent
les globules blancs.

Les vaisseaux lymphatiques
recueillent la lymphe des tissus
et l'acheminent dans le sang.

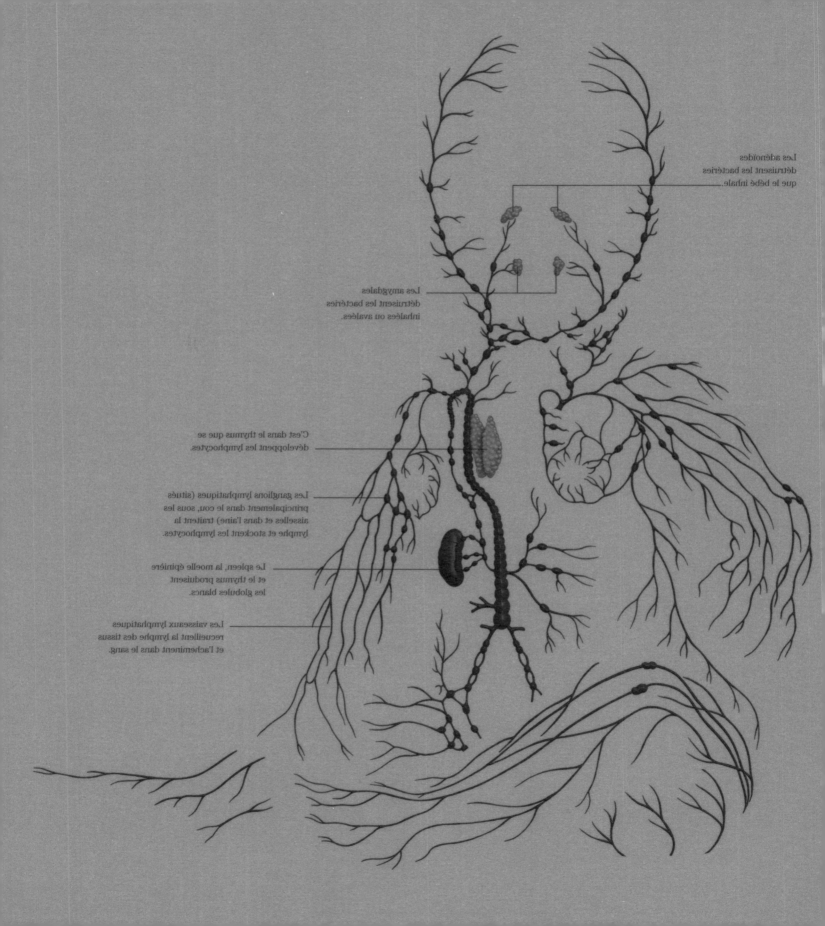

premières lignes de défense
Cet agrandissement coloré
d'une image de scanner montre
un globule blanc macrophage étirer
ses cirres vers une bactérie pour
l'engloutir et la détruire (en rouge).

l'élimination des déchets

L'élimination des déchets de l'organisme sous forme de fèces et d'urine est aussi importante que l'absorption de nourriture et de liquides. Dès le départ, le système digestif de l'enfant est programmé pour prélever le « carburant » dont il a besoin afin de permettre les activités et la croissance et de rejeter le surplus et les matières indésirables. Le processus d'élimination reste incontrôlé pendant de nombreux mois et exige l'assistance des parents, qui doivent changer les couches et nettoyer les fesses du bébé.

fonctionnement

Le système digestif consiste essentiellement en un long boyau tapissé de muscles à travers lequel les aliments progressent de la bouche à l'anus. Les aliments sont poussés à travers le boyau grâce à l'expansion et à la contraction des muscles et décomposés au cours du processus par des substances comme la salive et les sucs gastriques. Les nutriments – vitamines, minéraux, lipides, protéines et glucides – sont absorbés par la paroi du boyau, tandis que les déchets sont éliminés sous forme de matières fécales. Le foie, le pancréas et la vésicule produisent les enzymes destinées à favoriser l'absorption de ces nutriments, qui sont ensuite distribués dans tout l'organisme par le sang. De leur côté, les reins filtrent le sang et éliminent les déchets sous forme d'urine.

les premiers mouvements intestinaux

Dans les 24 à 48 heures suivant la naissance du bébé, ses boyaux entrent en action. Les matières fécales produites à ce stade s'appellent le « méconium ». Il s'agit d'une matière inodore d'un brun verdâtre composée des débris digérés de l'intestin – un mélange de mucus sécrété par les glandes du tube digestif et de cellules intestinales.

Dès que le bébé commence à excréter les résidus de lait, la couleur du méconium s'éclaircit progressivement pour prendre une teinte jaunâtre. Les fèces du bébé nourri au sein sont molles et presque inodores. Le bébé défèque plusieurs fois par jour, et les matières fécales peuvent être jaunes, jaune vert ou vertes indifféremment. Ces variations de couleur sont dues au fait que le système digestif du bébé est encore en train de se mettre en marche.

routine quotidienne

Le bébé défèque généralement peu après son réveil et à nouveau une demi-heure après la tétée. Il urine souvent – environ toutes les vingt minutes pour les nouveau-nés et toutes les heures à six mois. Aussi longtemps qu'il ne contrôle pas sa vessie et ses intestins, le nourrisson ne peut pas décider du moment où il urine ou défèque, mais les parents qui connaissent ses rythmes peuvent l'anticiper.

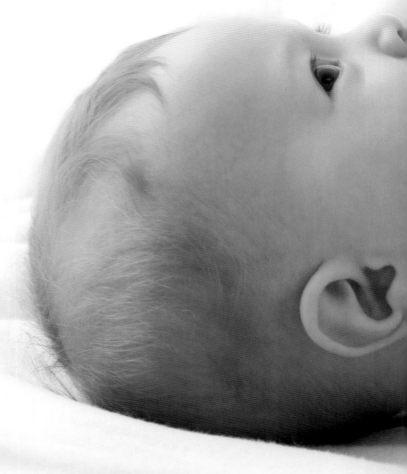

le système de filtrage du sang
Cette radiographie en couleurs montre
le réseau d'artères et de vaisseaux
rénaux qui permettent de filtrer
le sang pour rejeter les déchets
sous forme d'urine.

les contrôles du corps

Chaque fois que le bébé fait un mouvement, il se produit deux choses : le cerveau envoie aux muscles l'ordre de bouger ; simultanément, le système d'autocontrôle du corps entre en action pour s'assurer que cette nouvelle explosion d'activité bénéficie de tout le soutien nécessaire. C'est le système nerveux autonome qui exerce le contrôle, tandis que le système nerveux somatique s'occupe des mouvements.

le système nerveux autonome

Quand le corps est au repos, il stocke l'énergie. Dès qu'il entre en activité, il puise dans ses réserves énergétiques pour s'assurer que la tâche est menée à bien de façon efficace. Il appartient au système nerveux autonome de faire en sorte que l'organisme soit toujours parfaitement réglé par rapport à son niveau d'activité. À cet effet, il fait intervenir deux forces contradictoires, que l'on nommera le frein et l'accélérateur. Lorsque le frein est mis, la dépense d'énergie ralentit, et le corps se détend. Si au contraire on appuie sur l'accélérateur, tous les systèmes de soutien entrent en action pour aider le corps à accomplir les mouvements qui lui sont demandés avec la rapidité et l'efficacité nécessaires. Cet accélérateur est appelé le « système nerveux sympathique » et, quand il entre en action, il expédie de l'adrénaline dans tout l'organisme. Le frein s'appelle le « système parasympathique ». Il y en a toujours un des deux qui domine : le parasympathique pendant les phases de repos, et le sympathique pendant les phases d'activité.

le système sympathique

Le système sympathique s'emploie de diverses manières à garantir l'efficacité de l'action. Il accélère le rythme cardiaque, augmentant la circulation sanguine et faisant monter la tension artérielle. Il accélère la respiration, favorisant l'oxygénation de l'organisme. Il contrôle la dilatation et la constriction des vaisseaux sanguins. Il draine le sang contenu dans la peau et les boyaux pour le rediriger vers les muscles. Il augmente la sudation, qui permet de refroidir l'organisme, anticipant l'augmentation de la température consécutive à l'action. Il accroît la sudation des paumes de la main, ce qui leur assure une meilleure prise sur les objets. Il inhibe la miction.

Enfin, il réduit les sécrétions aqueuses des glandes salivaires et lacrymales, réservant les fluides corporels pour des tâches plus urgentes.

le système parasympathique

Le système parasympathique inverse le processus. Les battements cardiaques ralentissent et relâchent la tension sur le muscle cardiaque. Les besoins en oxygène diminuent, de sorte que les poumons peuvent eux aussi se détendre. Le sang quitte les muscles pour irriguer la peau et le système digestif. La sudation est réduite, et les glandes salivaires et lacrymales entrent à nouveau en action.

les glandes surrénales

Il existe différents niveaux d'activité physique, de la marche paisible aux réactions de panique en passant par tous les stades intermédiaires. Quand l'individu panique, les glandes surrénales entrent pleinement en action. Ces deux glandes situées au-dessus des reins remplissent plusieurs fonctions. Entre autres, elles sécrètent de l'adrénaline en cas de danger. Cette sécrétion prépare le corps à une action intense, fuite ou combat. Bien sûr, le bébé ne peut ni s'échapper ni lutter, mais il peut au moins se mettre à hurler en agitant les bras et les jambes. Le nourrisson, quant à lui, peut courir se réfugier auprès de ses parents.

Un état de peur prolongé qui, pour une raison ou une autre, ne débouche pas sur une activité intense peut entraîner un stress sévère. Le corps s'est préparé à une activité musculaire vigoureuse, et pourtant rien ne se produit. Si ce genre de situation se répète souvent, cela finit par affecter le système immunitaire, et l'individu risque de devenir plus vulnérable devant la maladie.

la surface du corps

Le plus grand organe du corps est la peau, et il est doublement important pour le bien-être du bébé. Non seulement la peau protège les autres organes, mais elle a également un effet important sur le psychisme.

la magie du toucher

Du fait qu'elle est dotée de nombreuses extrémités nerveuses sensibles au toucher, la peau est extrêmement sensible à toutes les formes de contact. L'étreinte de la mère, la douceur des vêtements qu'elle met à son bébé, ses caresses, ses baisers, ses câlins et les bains qu'elle lui fait prendre sont autant d'expressions de l'amour tactile, la forme d'attachement la plus ancienne.

Les études montrent que les adultes qui ont reçu peu de caresses dans leur petite enfance sont plus agressifs que ceux qui ont été beaucoup câlinés et choyés. Les bébés de sexe féminin semblent plus sensibles au toucher que les bébés de sexe masculin – en général, les filles âgées de quelques heures à peine réagissent au moindre souffle sur leur ventre et se tortillent et crient plus que les garçons. Dans l'ensemble, beaucoup de contacts physiques donnent des bébés plus calmes. On a même parfois suggéré que les bébés qui passent plus de temps dans les bras de leurs parents deviennent plus intelligents du fait que tous ces contacts physiques stimulent le développement du cerveau.

la qualité de la peau

La peau du bébé est plus fine que celle de l'adulte, elle est moins grasse et moins pigmentée ; elle transpire moins et résiste moins bien aux toxines et aux infections bactériennes. Il lui faut plusieurs années pour acquérir une meilleure résistance, et jusque-là il convient de la protéger avec soin. La partie externe, l'épiderme, est particulièrement fragile du fait que les cellules sont moins densément agglutinées. Cela signifie que les ampoules et autres blessures sont plus fréquentes. Le derme, la couche située sous l'épiderme, est quatre fois plus fin que chez l'adulte et contient moins de fibres collagènes élastiques, ce qui le rend également plus vulnérable.

l'activité glandulaire

Bien que le nouveau-né soit bien équipé en glandes sudoripares, le système nerveux qui contrôle leur fonctionnement n'est pas encore pleinement opérationnel. Aussi le bébé ne peut-il pas transpirer pour se rafraîchir quand il a trop chaud. Les grandes chaleurs sont donc très dangereuses pour lui. Les autres glandes de la peau, les glandes sébacées, qui produisent le sébum, une sécrétion grasse, n'entrent en action qu'au bout de quelques mois. Les sécrétions sébacées des enfants sont très inférieures à celles des adultes. Elles suffisent cependant pour donner au bébé son odeur caractéristique si attirante qui est différente pour chaque individu et que la mère peut reconnaître (voir « S'attacher », page 31).

les soins dermatologiques

Plus vulnérable et plus sensible que celle de l'adulte, la peau du bébé exige beaucoup de soins. Les rougeurs cutanées sont l'affection la plus courante. Elles apparaissent quand on ne change pas les couches assez souvent. L'urine rance crée de l'ammoniac qui irrite l'épiderme et inhibe sa résistance aux infections. Le problème est aggravé parle contact avec les bactéries contenues dans les fèces. En outre, le frottement des couches humides sur la peau est douloureux. Les bains d'eau chaude permettent de nettoyer et d'apaiser la peau du bébé tout en favorisant l'intimité tactile avec la mère.

la communication

les pleurs

Pendant ses douze premiers mois, avant que la communication verbale ne soit possible,
le seul moyen dont dispose le bébé pour faire comprendre à ses parents qu'il se sent mal
ou a besoin de quelque chose est de pleurer.

les premiers cris

C'est à la naissance que le bébé pousse ses premiers cris,
choqué par le brutal changement d'environnement qui lui est
imposé. Loin de s'en inquiéter, les parents réagissent par un
grand sourire de soulagement, car ces hurlements signifient
que les poumons du bébé fonctionnent normalement.
Le nourrisson crie souvent pendant les trois premiers mois,
puis les hurlements s'espacent peu à peu. Vers l'âge de six
mois, les conduits lacrymaux sont suffisamment développés
pour produire les premières larmes.

pourquoi le bébé pleure-t-il ?

Les pleurs peuvent avoir plusieurs causes : douleur,
inconfort, faim, solitude, stimulation excessive ou
insuffisante, frustration… Les parents apprennent vite
à distinguer les différents types de cris. La douleur entraîne
généralement des cris perçants. Le bébé ignore ce qui ne va
pas et il est incapable de faire la différence entre une
douleur grave et une douleur bénigne, aussi doit-il attirer
l'attention de ses parents rapidement. Il se calme
en général dès qu'on le prend dans les bras. S'il continue
à hurler, c'est qu'il a vraiment mal ou qu'il souffre
de colique (voir « Symptômes de maladies », page 95).

Le bébé appelle aussi quand il est souillé, quand il a trop
chaud ou trop froid, ou si quelque chose irrite sa peau
délicate. Les cris commencent doucement et s'amplifient
à mesure que la sensation d'inconfort s'aggrave. Les appels
causés par la faim sont reconnaissables à leur fréquence
et aux heures auxquelles ils se produisent. Si l'enfant a très
faim, il hurle très fort en s'arrêtant brièvement de temps
en temps pour repende son souffle. Les cris les plus faciles
à apaiser sont ceux, tristes et répétitifs, que pousse
le nourrisson lorsqu'il se croit abandonné. Il suffit alors
pour le calmer de le prendre dans ses bras.

Le bébé proteste également en cas de stimulation excessive
ou insuffisante. Lorsqu'il est très fatigué, ses cris deviennent
plaintifs, et il se frotte parfois les yeux.

les pleurs à l'heure du coucher

Au cours des premiers mois, le bébé s'attache à sa mère
et se met à crier dès qu'il est séparé d'elle. Il voudrait rester
constamment blotti contre sa poitrine, mais ce n'est pas
toujours possible, en particulier la nuit. Les parents savent
qu'ils vont se lever plusieurs fois pour s'occuper de lui,
mais l'enfant, lui, ne le sait pas. Si ses appels sont
systématiquement ignorés, il finit par perdre confiance.
La peur que sa mère ne revienne jamais commence
à l'angoisser, et un sentiment d'insécurité s'installe.

Pour éviter ce genre de problème, il suffit que la mère
et l'enfant restent proches l'un de l'autre pendant
les premiers mois. Le bébé doit s'habituer à dormir seul,
sans câlins et sans nourriture, mais cela ne veut pas dire
que sa mère doive être absente. Installer son berceau
dans la chambre des parents pendant les premiers mois
lui donne l'impression de rester proche de sa mère,
et avec la confiance qui s'installe, il sera plus facile
de déménager son lit dans une autre pièce quand
il atteindra son sixième mois.

les cris de frustration

Le tout-petit se met à pousser des cris de frustration quand
il ne parvient pas à faire quelque chose, par exemple
lorsqu'il commence à vouloir bouger pour explorer son
environnement, mais sans succès. Dans les cas extrêmes,
il peut retenir sa respiration et devenir tout rouge, puis
bleu. Il arrive même qu'il perde connaissance pendant
un accès de colère particulièrement violent (voir « Les colères
infantiles », page 165).

le sourire

Dès que le lien affectif existe entre la mère et l'enfant, une nouvelle forme de communication s'établit. Le bébé sait que, lorsqu'il appelle, ses parents accourent, mais après cette étape, il doit trouver le moyen de retenir sa mère près de lui. L'évolution lui a donné une arme propre à l'espèce humaine : le sourire. Il utilise ce signal pour récompenser l'adulte de rester à ses côtés.

le sourire unique

Le bébé humain est le seul primate qui sourie à ses parents. S'il le fait, c'est parce qu'il est physiquement impuissant et sans défense. Le bébé singe peut s'accrocher à la fourrure de sa mère pour demeurer auprès d'elle. Mais le petit humain ne le peut pas et a désespérément besoin de retenir les adultes auprès de lui. Son arme, c'est le sourire. La mère réagit de façon instinctive devant ce sourire, qui lui procure une grande joie. Un an plus tard, l'enfant sera capable de parler et d'utiliser un système de communication complètement différent, mais, même ainsi, il continuera de sourire – un signal humain qui durera toute la vie.

un instinct naturel

Le sourire est inné chez le bébé. On serait tenté de croire que le nourrisson essaie d'imiter sa mère qui le regarde en souriant. Mais il n'a pas besoin d'imiter qui que ce soit. Même les bébés nés aveugles et sourds sourient quand leur mère les tient dans ses bras. Cependant, dans leur cas, le sourire n'est pas dirigé vers le visage de la mère, ce qui souligne un avantage particulier du sourire du bébé voyant : il s'accompagne d'un échange de regards. La bouche n'est pas seule à sourire, et, pour que l'échange visuel ait tout son impact, il faut que le visage du bébé soit tourné vers sa mère et qu'elle le regarde aussi en souriant. Le bébé ne sourit pas avec elle, il lui sourit, et c'est là la récompense.

les différents types de sourires

Le bébé dispose de trois types de sourires : le sourire réflexe, le sourire général et le sourire spécifique. Le sourire réflexe, ou pré-sourire, apparaît dès le troisième jour après la naissance et revient de temps en temps pendant le premier mois. Il est fugitif, et seuls les parents peuvent le détecter. Le sourire réflexe se produit quand le bébé a un spasme neural en écoutant la voix de sa mère au moment de l'endormissement. Il peut également apparaître après un influx soudain d'énergie dans le système nerveux, par exemple lors d'une séance de chatouilles. Mais il ne s'agit que d'un réflexe musculaire, et le bébé peut aussi se renfrogner ou grimacer sous l'effet des mêmes stimulations.

Vers l'âge de quatre semaines, le bébé commence à savoir faire un vrai sourire de bienvenue. Tout son visage s'éclaire, et ses yeux se mettent à pétiller. Il réagit de cette manière lorsqu'un adulte approche son visage du sien. Ce sourire général n'est pas sélectif, et tout le monde y a droit. Vers six mois, tout change. Le sourire spécifique fait son apparition. Le bébé ne sourit plus aux étrangers, qui sont parfois vexés de se voir ignorés là où, quelques mois plus tôt, ils étaient accueillis par un large sourire. Le bébé a appris à reconnaître les visages de ceux qu'il aime, et son sourire de bienvenue leur est désormais exclusivement réservé. Le système de communication infantile se personnalise.

les prémices de la parole

On assiste à un développement régulier des aptitudes vocales entre la naissance et l'âge
de deux ans chez tous les nourrissons du monde. Même s'il n'y a pas de consensus à ce sujet,
il est généralement admis que la rapidité du processus est due au fait que le cerveau de l'enfant
est programmé pour cela, comme un ordinateur. C'est là l'un des dons les plus précieux
de l'évolution.

les premiers sons

Pendant les six premiers mois, tous les bébés, y compris les enfants sourds, produisent les mêmes sons incohérents, qu'ils soient européens, africains ou asiatiques. Les parents se figurent parfois que ce sont eux qui enseignent ces sons à leurs enfants, mais leurs bébés articuleraient exactement les mêmes sons sans leur intervention. Il est impossible de dire la différence entre le gazouillis d'un petit Japonais, d'un petit Nigérian ou d'un petit Québécois.

l'habitude de certains sons

Au bout de six mois, on aborde une nouvelle phase, et les bébés commencent à se montrer sensibles aux qualités rythmiques des différents langages. Les études montrent que, dès le douzième mois, les nourrissons sont habitués au langage de leur entourage. Dans une expérience menée en France, on a fait écouter à des adultes des enregistrements de gazouillis préverbal de bébés français et étrangers. Curieusement, les personnes testées n'ont eu aucun mal à reconnaître les enfants français, bien qu'aucun mot français n'eût été prononcé.

la production des sons

Le bébé est parfaitement équipé sur le plan anatomique pour produire des sons,
mais il lui faut un an pour parvenir à articuler des mots cohérents. Pendant les
premiers mois, il ne peut émettre que des grognements, des cris et des gazouillis.

le larynx

À la naissance, le larynx du bébé mesure environ 2 cm
de long sur 2 cm de large – environ un tiers de sa taille
adulte. À ce stade, il est placé en haut du cou et, à mesure
que l'enfant grandit, il s'abaisse lentement. Avant
ce changement de position, il se trouve juste au-dessous
de l'endroit où la cavité orale communique avec le pharynx.
C'est aussi la position observée chez le singe adulte,
et cela explique pourquoi ni le nouveau-né humain ni le
singe adulte ne peuvent produire un répertoire de mots,
indépendamment de la programmation de leur système
nerveux.

les cordes vocales

À la naissance, les cordes vocales du bébé mesurent
environ 4 mm de long. Ces membranes sont placées
en travers du larynx, où elles sont bombardées de courants
d'air. Quand on respire normalement et que les muscles
du larynx restent détendus, le courant d'air produit n'est
pas suffisamment fort pour les faire vibrer, de sorte qu'elles
ne produisent aucun son. Mais si l'exhalaison est plus
puissante et que les muscles du larynx se contractent
de façon à réduire la taille de l'ouverture, l'air expulsé,
en passant par-dessus les cordes, produit le son qui
s'échappe par la bouche. Plus le mouvement de l'air est
rapide, plus le son est fort ; et plus l'ouverture rétrécit,
plus le son est aigu.

Pendant la petite enfance, il n'existe aucune différence
entre les garçons et les filles. Les différences commencent
à apparaître au cours de la troisième année, quand les
cordes des garçons s'allongent et s'épaississent.

Parallèlement, le larynx masculin devient un peu plus long
et un peu plus large, mais la différence n'est guère marquée
jusqu'à la puberté, quand la voix des garçons « mue »
et se fait beaucoup plus grave.

la langue et les lèvres

Les sons produits par le passage de l'air dans le larynx
et sur les cordes vocales sont plutôt grossiers, et il faut que
l'action du larynx s'associe à celle de la langue et des lèvres
pour former des mots. La qualité des sons dépend aussi
de la forme de la bouche, du nez, des sinus, de la gorge
et de la poitrine, et c'est cette forme qui détermine
la résonance de chaque voix.

les sons préverbaux

La toute première fois que le bébé exerce ses cordes vocales,
c'est pour crier, au moment de la naissance. Dans les
premières semaines, le cri est à peu près le seul signal
sonore que le bébé est capable d'émettre, mais ses parents
apprennent vite à distinguer différentes sonorités. Celles-ci
varient suivant les problèmes auxquels l'enfant se trouve
confronté (voir « Les pleurs », page 107). Tous les cris ont
une tonalité légèrement différente et sont plus ou moins
forts, surtout au début, avant qu'ils ne se transforment
en hurlements vigoureux.

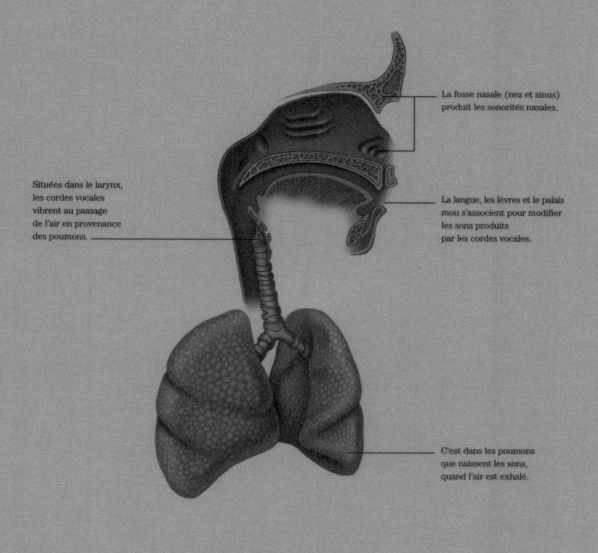

La fosse nasale (nez et sinus) produit les sonorités nasales.

La langue, les lèvres et le palais mou s'associent pour modifier les sons produits par les cordes vocales.

Situées dans le larynx, les cordes vocales vibrent au passage de l'air en provenance des poumons.

C'est dans les poumons que naissent les sons, quand l'air est exhalé.

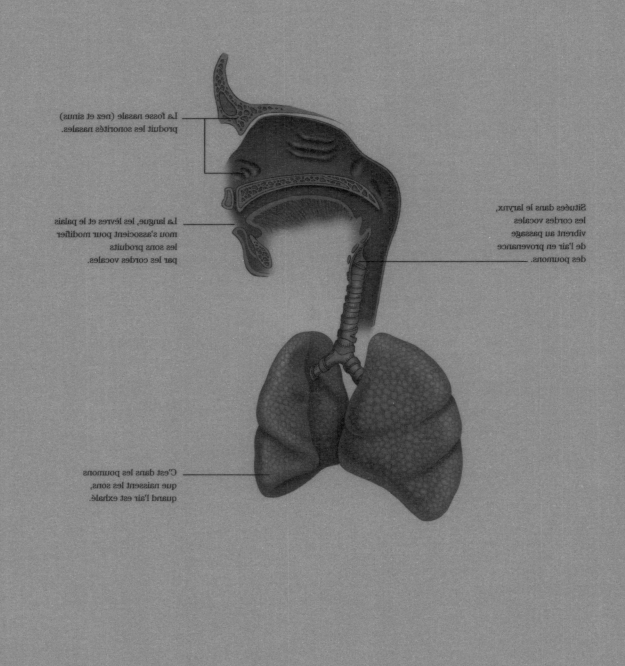

La fosse nasale (nez et sinus) produit les sonorités nasales.

La langue, les lèvres et le palais mou s'associent pour modifier les sons produits par les cordes vocales.

Situées dans le larynx, les cordes vocales vibrent au passage de l'air en provenance des poumons.

C'est dans les poumons que naissent les sons, quand l'air est exhalé.

le développement
de la parole

Si le besoin d'émettre des sons est inné, le besoin plus tardif de transformer
ces sons incohérents en langage articulé est l'effet du mimétisme. Le bébé qui produit
instinctivement des voyelles monosyllabiques dès l'âge de trois mois commence
volontairement à émettre des sons dissyllabiques à l'âge de sept mois et apprend
des mots dès l'âge de huit mois. À dix mois, il prononce son premier mot.

l'acquisition du vocabulaire

La vitesse à laquelle le bébé apprend à parler est étonnante.
Le nourrisson qui possède 19 mots à l'âge de quinze mois
en connaît entre 200 et 300 à vingt-quatre mois, âge auquel
il peut faire des phrases rudimentaires avec des verbes,
des pronoms et des pluriels. Comme toujours, on observe
de grandes différences entre les individus. Ainsi, une étude
portant sur un groupe d'enfants âgés de vingt mois a montré
qu'un certain nombre d'entre eux avaient déjà un vocabulaire
de 350 mots, tandis que d'autres n'avaient appris que 6 mots.

le langage de bébé

Beaucoup de parents prennent une voix aiguë et utilisent
un langage infantile pour parler à leurs nourrissons
en adoptant un ton chantant, en allongeant les voyelles
et en exagérant leurs mimiques faciales. Les phrases sont
courtes, et les parents tendent à ralentir leur débit
en répétant la phrase plusieurs fois. Tous les adultes
du monde font la même chose, indépendamment de leur âge
et de leurs liens de parenté avec le bébé.

Si ce langage parental aide le bébé dans un premier temps
en lui permettant de reconnaître les sons et les mots, il
devient inutile dès que le nourrisson atteint son douzième
mois. À ce stade, ce dernier doit imiter ses parents. Si c'est
l'inverse qui se produit, le processus d'apprentissage est
freiné. Les parents qui parlent à leur enfant avec une voix
d'adulte normale leur fournissent une plus grande variété
de sons et d'inflexions à imiter.

les origines du langage

Dès les premiers mois, le bébé émet différents types de
grognements suivant son humeur. L'un exprime l'inconfort,
un autre la fatigue, le troisième la faim, un dernier enfin
le mal de ventre. On a parfois souligné que ces grognements,
de même que les premières tentatives du nourrisson pour
prononcer des mots élémentaires comme « maman » et
« papa », sont à peu près identiques dans le monde entier
(voir « Les prémices de la parole », page 110). On a donc
émis l'hypothèse que ces sons communs représentent une
sorte de langage primitif utilisé par nos lointains ancêtres.

Les enregistrements de grognements de bébés ont permis
de mettre en évidence l'existence de quatre séquences
de schémas sonores, dont chacune consiste en une
combinaison particulière de voyelles/consonnes et qui sont
communes à des langages adultes très différents les uns
des autres, comme le suédois, le portugais, le coréen,
le japonais, le français et le néerlandais. Il fut sans doute
un temps où nos ancêtres ne savaient articuler que ces
quelques sons. L'étape suivante aurait consisté à répéter
ces sons primitifs d'une manière rythmique – « babababababa »
ou « gagagaga » – de façon à obtenir des séquences plus
longues, et ce processus se retrouve encore couramment
aujourd'hui dans les premières tentatives de l'enfant pour
prononcer des mots. Apprendre un langage adulte est un
processus extrêmement complexe qui implique la
coordination de 70 muscles différents, et le bébé a besoin
de beaucoup de patience lorsqu'il apprend à les contrôler.

écouter et babiller

La communication vocale fait intervenir deux éléments différents – l'écoute des sons et leur production. Le bébé est toujours plus avancé dans l'écoute des sons que dans leur production. Il peut même entendre des mots pendant son séjour dans l'utérus. Cela veut dire qu'il réagit à la voix des parents dès sa naissance, même s'il lui faut plusieurs mois avant d'être capable d'émettre ses premiers balbutiements.

les bébés et l'écoute

À six ou sept mois, le fœtus entend déjà les sons du monde extérieur. Les expériences ont montré que son rythme cardiaque s'abaisse légèrement lorsqu'il entend un bruit nouveau et fort. À chaque répétition de ce bruit, sa réaction diminue jusqu'à ce que, finalement, son rythme cardiaque reste inchangé. Il s'est habitué à ce bruit. S'il entend un nouveau bruit, son rythme cardiaque chute de nouveau, montrant qu'il est capable de distinguer les sons les uns des autres. D'autres expériences indiquent que le fœtus est capable de distinguer deux mots très similaires, ce qui montre que ses capacités auditives sont très en avance sur ses capacités d'expression.

Tout cela prouve qu'à sa naissance le bébé connaît déjà la voix de sa mère et qu'il peut la distinguer des autres. Des expériences similaires avec la musique montrent que le fœtus est capable de distinguer différentes sortes de musique, et même différentes comptines. Il ne détecte que les différents schémas sonores, mais c'est déjà beaucoup, et cela explique pourquoi les très jeunes enfants sont tellement ravis dès qu'ils réussissent à produire des sons eux-mêmes.

la phase des bulles

Le flot de sons émis par le bébé passe par un certain nombre de phases dans les premières années de sa vie, après quoi il cède progressivement la place à des mots. Vers un ou deux mois, le bébé découvre qu'il peut faire des bulles en poussant sa langue entre ses lèvres comprimées et en soufflant. Une petite bulle de salive sort de sa bouche. Pour l'instant, aucun son n'accompagne ce merveilleux exploit, mais c'est un premier pas vers l'expression verbale. En faisant ces bulles qui précèdent les premiers balbutiements, le bébé mime les gestes de la vocalisation. Il apprend à coordonner sa respiration avec les mouvements de la langue et des lèvres, et c'est cette combinaison vitale qui formera plus tard la base de la parole.

la phase des gazouillis

Vers l'âge de trois mois, le bébé commence à émettre ses premiers balbutiements. À mesure que les semaines passent, cette nouvelle aptitude à produire des sons le fascine de plus en plus, et les balbutiements deviennent une obsession. Dans un premier temps, ce ne sont guère que des grognements, des borborygmes et des rots, mais bientôt les premières voyelles apparaissent. Maintenant, le bébé s'amuse à gazouiller et à faire des « oooo » et des « aaaa », et les parents gagas ne peuvent résister à l'envie de répondre par des « gou-gou-gou » et des « ga-ga-ga-ga ».

les gazouillis avancés

Les gazouillis vont *crescendo* jusqu'à l'âge de six mois. Le bébé s'en amuse tellement qu'il gazouille même quand il est tout seul. Les consonnes s'ajoutent bientôt aux voyelles pour produire divers sons monosyllabiques. Mais il n'existe encore aucun lien entre eux et des objets ou des personnes spécifiques. Ils sont émis pour le seul plaisir de produire des sons et n'ont pas de signification particulière – ils évoquent plutôt la démarche du chanteur qui fait des vocalises sans vraiment chanter.

les premiers mots

Le premier mot chargé de sens que prononce l'enfant est généralement « maman »
ou « papa ». C'est un grand moment de joie pour les parents, souvent très fiers de montrer
à leur entourage de quoi leur enfant est capable. Malheureusement, quand ce dernier voit
un vieil ami de son père se pencher sur son berceau, il l'appelle souvent aussi « papa »
sans discrimination !

Cela montre que, pour l'instant, le bébé commence à peine à associer les mots et les gens. La mère peut être appelée « papa », et le père, « maman ». Mais, peu à peu, le nourrisson établit le lien entre certains sons et certains individus. Cette étape de son évolution est déterminante.

la phase préverbale

Avant que les mots ne se chargent de sens, il reste une dernière étape à franchir : celle des sons gratuits. Cette phase intervient vers l'âge de sept mois et consiste à articuler des mots de deux voyelles. En général, la première syllabe est identique à la seconde, comme dans « papa » ou « bobo ». Désormais, non seulement le bébé explore des sons doubles plus compliqués, mais il essaie aussi de moduler sa voix et d'en varier le volume ainsi que son débit. Il est comme un petit orchestre qui accorderait ses instruments avant le concert. Les sons qu'il produit ressemblent parfois à de vrais mots, mais ils n'ont pas encore de signification. La phase suivante, qui lui permettra de communiquer avec ses parents, n'est pas loin, mais il faut encore attendre un peu. Quand elle arrive enfin, les joies du gazouillis cèdent la place à une affaire autrement sérieuse : l'apprentissage d'un vocabulaire fonctionnel.

l'intonation de la voix

La communication verbale est plus qu'un simple échange de mots. Elle fait aussi intervenir des intonations. Le bébé est sensible à deux types d'intonation : les intonations douces et les intonations dures. Il n'aime pas les voix fortes ou dures, indépendamment du contenu des mots. Si un adulte murmure : « Je t'aime » d'une voix douce et chaude, le bébé réagit de façon positive. Mais si le même adulte crie : « Je t'aime » sur un ton rude, il réagit négativement. Aussi, dès que l'enfant commence à acquérir un vocabulaire, est-il essentiel de se rappeler que le ton sur lequel les mots sont prononcés peut considérablement en changer le sens.

le vocabulaire précoce

Il est captivant de voir quels mots le bébé prononce en premier quand il commence à dire des choses chargées de sens. Ce sont presque toujours des mots d'une ou deux syllabes. Au début, les mots plus longs sont au-delà de ses compétences. Il ignore aussi les mots courts qui désignent des choses abstraites ou intangibles. Les toutes premières « phrases » consistent habituellement en un seul nom, et celui-ci désigne toujours une chose ou une personne présente dans la pièce. Les premiers mots les plus courants sont « papa », « maman », « mamie », « papy », « nez », « bouche », « chien », « chat », « balle », « manger » et « boire », ainsi que les prénoms des frères et sœurs et des autres membres de la famille. À mesure que le nombre d'étiquettes verbales s'accroît, l'enfant ajoute des verbes simples, formant des phrases de deux mots. Comme précédemment, sa compréhension du langage est plus avancée que son aptitude à le parler. Si la mère demande : « Où est le chat ? », le nourrisson cherche des yeux autour de lui pour localiser l'animal, bien que lui-même ne soit pas encore capable de former cette phrase de quatre mots. L'expression orale du bébé est toujours en retard sur sa compréhension, et c'est cette course entre les deux qui l'aide à progresser et à améliorer ses capacités de communication.

la compréhension

Pendant sa deuxième année, l'enfant opère une transition incroyable – il acquiert la capacité de communiquer avec ses parents, de dire des choses, de poser des questions ou d'y répondre. Il apprend sans effort qu'une conversation se compose d'une alternance d'expression et d'écoute et comprend que chacun doit parler à son tour.

l'apprentissage de la grammaire

La simple utilisation d'un nom et d'un verbe dans des phrases de deux ou trois syllabes peut conduire le nourrisson assez loin. Avec des noms comme « maman » et « papa », « biscuit » et « jus », « nounours » et « chien » et des verbes comme « aller » et « venir », « commencer », « arrêter », « donner », « prendre », l'enfant peut dire beaucoup de choses sur le présent immédiat et le monde qui l'entoure. Il sait également transformer ses affirmations en questions en

changeant d'intonation. Si l'affirmation est « Maman va », le second mot est prononcé avec une inflexion plus basse. Si la phrase est une question, l'inflexion est plus haute sur le second mot.

la construction des phrases

L'étape suivante consiste à ajouter d'autres mots à la conversation. À l'approche de son deuxième anniversaire, le nourrisson commence à élargir son vocabulaire et à

ajouter des mots à ses phrases. Dès l'âge de deux ans, il construit des phrases de trois ou quatre mots. « Maman s'en va ? » va devenir « Où elle va, maman ? » Quand il parle de lui-même, il dit « moi », comme dans « Moi veux jus ». L'enfant de deux ans est presque capable de soutenir une vraie conversation. Dans l'année à venir, la grammaire fera son apparition – non pas parce qu'on la lui enseigne, car il est encore trop tôt, mais parce que l'être humain est ainsi programmé.

l'art de la tromperie

L'une des aptitudes que l'enfant acquiert dans sa deuxième année est la faculté de mentir – il peut tromper ses parents délibérément. Par exemple, si ces derniers sont très occupés et qu'il s'ennuie ou se sent négligé, il fait semblant d'avoir mal quelque part ou de s'être blessé pour attirer leur attention.

Le mécanisme n'est pas difficile à comprendre, même à l'âge de dix-huit mois. L'enfant s'est aperçu que, dès qu'il a un problème, l'un de ses parents interrompt ses activités pour accourir vers lui. Le plaisir d'être réconforté est inscrit dans sa mémoire et, lorsqu'il a envie de câlins, il feint d'être malade ou blessé pour obtenir ce qu'il veut.

Des expériences récentes ont montré que, dès l'âge de six mois, le bébé est capable d'utiliser cette stratégie pour attirer l'attention de ses parents. Même s'il ne sait pas encore parler, il peut faire exprès de pleurer ou de crier. Ce comportement calculé dénote chez l'enfant une compréhension précoce de son propre rôle dans ses relations avec ses parents. Cela montre que, dès le plus jeune âge, le bébé devine que ses actes ont un effet interactif.

jouer avec les mots

Le bébé de deux ans est une véritable machine à apprendre, et son vocabulaire s'étend par bonds successifs. Chaque jour, il comprend et retient de nouveaux mots. Les échanges avec son entourage familial ont beaucoup d'importance. Plus ses parents passent de temps à bavarder avec lui, plus vite il apprend à bien parler sa langue maternelle.

les mots familiers

Quand il commence à se colleter avec les mots, le bébé réagit plus à ceux qu'il entend souvent et aime qu'on les lui répète. Cela l'aide à les retenir et à les associer aux objets, aux gens ou aux actions. On peut répéter cette routine jour après jour, par exemple à l'aide d'un nounours. « Nounours est assis. Nounours se lève. Où est nounours ? Nounours se cache. Nounours est revenu ! » Le bébé adore cela, de même qu'il aime pouvoir anticiper ce qui va suivre.

les comptines

Souvent, les premières histoires contées aux enfants sont les comptines. Il n'est pas essentiel que l'enfant comprenne tous les mots – généralement, il n'en reconnaît qu'un ou deux. Ce qui compte, c'est le rythme. Chaque fois que le nourrisson entend la comptine, il anticipe les mimiques qui vont suivre et finit par comprendre qu'il existe un lien entre elles et les mots de la chanson.

lire des histoires

L'un des plus charmants rituels de l'enfance est la lecture des histoires au moment du coucher. Au début, elles doivent être aussi répétitives que les comptines. Le bébé adore reconnaître certaines phrases. Dans l'histoire du Petit Chaperon rouge, il est très excité quand il reconnaît la phrase : « Dis, mère-grand, pourquoi as-tu de si grandes dents ? » C'est une erreur de croire qu'une histoire est au-dessus de son âge. Même s'il ne comprend pas beaucoup de mots, il écoute avec attention et reconnaît le rythme et le style du langage.

le pouvoir de l'invention

Beaucoup de parents se contentent de lire à leur bébé des histoires choisies dans des livres d'enfants, mais il vaut mieux inventer des histoires faisant intervenir son joujou préféré. S'il affectionne particulièrement un éléphant en peluche et aime le serrer dans ses bras quand on le met au lit, racontez-lui les aventures de ce petit éléphant en imaginant chaque soir de nouvelles péripéties. Des éléments familiers peuvent revenir. Par exemple, l'éléphant est toujours en train de chercher de l'eau pour se désaltérer, et cette quête lui fait connaître toutes sortes d'aventures – un épisode chaque soir. Le fait d'introduire ainsi de nouveaux éléments à chaque histoire permet d'élargir progressivement le vocabulaire de l'enfant tout en restant dans un cadre familier. Ces histoires n'ont pas besoin d'être des chefs-d'œuvre – plus elles sont simples, mieux cela vaut, et n'importe qui peut en inventer sans se creuser la tête.

les mécanismes
d'apprentissage

l'intelligence

On a défini l'intelligence comme la faculté de résoudre des problèmes nouveaux à partir des expériences passées. Si l'on s'en tient à cette définition, le bébé ne peut pas être intelligent, puisque son expérience du monde est inexistante. Pourtant, il est alerte et avide d'apprendre. Pourvu d'un cerveau extraordinaire comptant 10 milliards de cellules, il a tout le potentiel nécessaire pour devenir extrêmement intelligent.

le processus d'apprentissage

Chaque jour, le bébé apprend quelque chose de nouveau et stocke les informations dans sa tête. De même que son corps devient plus grand et plus fort, la programmation de son cerveau s'améliore. Quand il atteint l'âge où il commence à marcher et à explorer le monde qui l'entoure, son cerveau en plein développement a déjà posé les fondations de son futur bagage de connaissances. Mais il reste beaucoup à apprendre, et il lui faudra encore de nombreuses années pour accumuler suffisamment d'expérience et pouvoir affronter le monde sans l'aide de ses parents.

Un bon départ dans la vie, avec une petite enfance riche en stimuli, l'aidera beaucoup. Dès la naissance, le bébé possède un large éventail de facultés sensorielles – ouïe, vue, goût, toucher, odorat, équilibre et détection de la température. Tout cela lui procure une grande diversité de sensations. Même s'il ne peut pas encore agir sur elles du fait que son corps est incapable d'exécuter les ordres qu'il aimerait lui donner, ces expériences ne sont pas perdues. Sans se transformer en souvenirs précis dans lesquels il pourrait puiser consciemment, elles sont là, profondément inscrites dans le vaste réseau cellulaire de son cerveau.

les cellules du cerveau

Le cerveau du bébé est beaucoup plus actif que celui de l'adulte. Pendant sa croissance, les cellules de son cerveau agissent comme du papier buvard, absorbant toutes les informations qui leur semblent utiles. Pour organiser ces informations, elles doivent communiquer entre elles et, à cet effet, elles utilisent des transmissions appelées « synapses ». Le cerveau du nouveau-né compte environ 2 500 synapses reliées à chacun des 10 milliards de neurones. Dans le cerveau du nourrisson de deux ans, ce nombre passe à 15 000 synapses par neurone, plus que dans le cerveau adulte. La raison pour laquelle les adultes possèdent moins de transmissions est qu'avec le temps les moins utilisées s'affaiblissent progressivement pour finir par disparaître. Dans la phase « papier buvard » de l'enfance, tout est goulûment absorbé, mais plus tard le cerveau devient plus sélectif et apprend à se concentrer sur ses points forts pour éliminer ses faiblesses.

l'importance de l'environnement

Même si les facteurs génétiques sont très importants, pour qu'un enfant développe un haut niveau d'intelligence, il lui faut un environnement riche et varié pendant sa petite enfance. Plus on lui parle, plus on lui fait écouter de la musique, plus on lui fait voir de choses, plus il a d'interaction sociale et peut se dépenser physiquement, plus il a de chances de devenir un adulte vif, intelligent, sensible et ouvert. Une vie quotidienne ludique et riche en possibilités d'exploration favorisera l'essor de son imagination et de sa créativité.

le cerveau

À la naissance, le cerveau du bébé est loin d'être arrivé à maturité. Mais il va évoluer
à une vitesse prodigieuse, tout particulièrement pendant les trois premières années.

Le cerveau humain est divisé en trois parties : la fosse
postérieure, le cerveau « moyen » (ou mésencéphale)
et le cerveau antérieur (ou prosencéphale subdivisé
en diencéphale et télencéphale).

le télencéphale

Le télencéphale est divisé en deux hémisphères convolutés.
C'est l'existence de circonvolutions profondes qui permet
à sa grande surface de tenir dans l'espace restreint de la boîte
crânienne. Son enveloppe externe grise, le cortex cérébral,
se compose de 8 000 millions de cellules nerveuses, qui sont
maintenues ensemble par 64 000 millions de cellules gliales.
Le cortex cérébral organise les informations et dit au sujet
ce qu'il voit, ce qu'il entend, ce qu'il imagine et se rappelle.
Les hémisphères comportent des sillons plus profonds qui
séparent quatre paires de lobes.

les lobes frontaux

Les lobes frontaux sont situés juste au-dessous du cerveau
antérieur. Plus grands et plus complexes que les autres
paires de lobes, ils constituent le dernier développement
dans l'évolution du cerveau humain. Les lobes frontaux
sont le siège de l'intelligence du bébé, de sa personnalité,
de sa créativité et des formes les plus avancées de son
activité mentale. Ils sont également liés au contrôle
conscient des mouvements et du langage.

les lobes pariétaux, occipitaux
et temporaux

Tout en haut du cerveau, juste derrière les lobes frontaux,
se trouvent les lobes pariétaux, qui sont le siège
des sensations tactiles, de la perception de la température,
de la pression et de la douleur. Ils traitent également
les informations provenant de l'intérieur de l'organisme.
Les lobes occipitaux qui forment la région située à l'arrière
du cerveau sont principalement concernés par la détection
et l'interprétation des informations visuelles.

De part et d'autre du cerveau se trouvent les lobes
temporaux qui sont le siège de l'audition, de la peur,
du sens de l'identité et de la mémoire.

les hémisphères gauche et droit

L'hémisphère gauche du cerveau est spécialisé dans
les questions de logique. Concerné par le calcul, les
mathématiques et les informations factuelles, il est le siège
de la pensée analytique. L'hémisphère droit est la partie
artistique, créative, imaginative du cerveau, siège de la
pensée intuitive. Les deux hémisphères sont reliés par
le corps calleux, une bande de fibres nerveuses épaisses
qui transmettent les informations.

le thalamus et l'hypothalamus

Le thalamus est une petite région de la taille d'une prune
enfouie au centre du cerveau. Il sert de relais pour le transfert
des informations entre le corps et le cerveau d'une part
et entre les différentes parties du cerveau d'autre part. Toutes
les données sensorielles, à l'exception de celles qui concernent
l'odorat, transitent par le thalamus. Au-dessous se trouve
l'hypothalamus, qui régule l'humeur, la motivation, le sommeil,
la faim, la soif, le rythme cardiaque, la tension et l'excitation
sexuelle. Il contrôle les activités de la glande pituitaire et le
système hormonal (voir « Glandes et hormones », page 42).
Autour de l'hypothalamus se trouve le système limbique,
la partie du cerveau qui contrôle les émotions.

le cervelet

Sous le cerveau se trouve le cervelet, la partie du cerveau
postérieur qui contrôle l'équilibre et les mouvements du
corps. Au début de la vie du bébé, le cervelet grandit si vite
que, dès l'âge de deux ans, il atteint pratiquement sa taille
adulte, à la différence des centres les plus élevés du cerveau.
Sans cette croissance rapide, le nourrisson aurait du mal
à trouver son équilibre, à marcher et à courir. Le cervelet
contrôle aussi la respiration et la circulation sanguine.

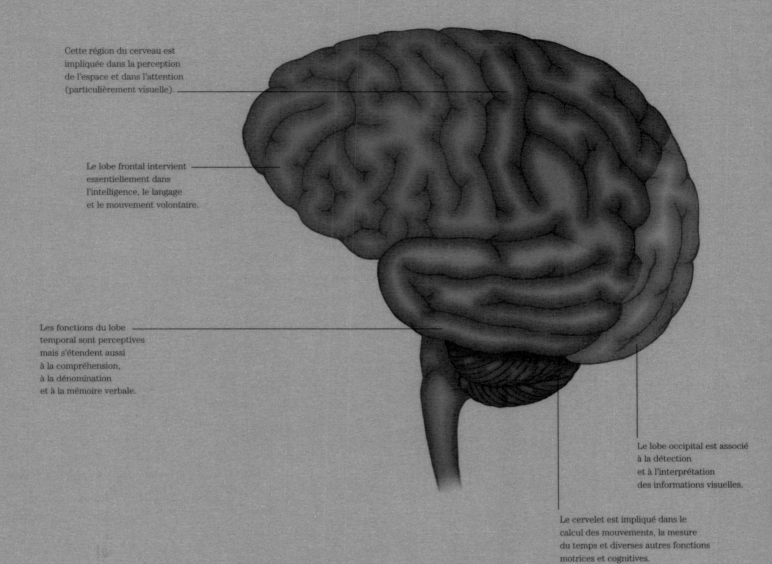

Cette région du cerveau est
impliquée dans la perception
de l'espace et dans l'attention
(particulièrement visuelle).

Le lobe frontal intervient
essentiellement dans
l'intelligence, le langage
et le mouvement volontaire.

Les fonctions du lobe
temporal sont perceptives
mais s'étendent aussi
à la compréhension,
à la dénomination
et à la mémoire verbale.

Le lobe occipital est associé
à la détection
et à l'interprétation
des informations visuelles.

Le cervelet est impliqué dans le
calcul des mouvements, la mesure
du temps et diverses autres fonctions
motrices et cognitives.

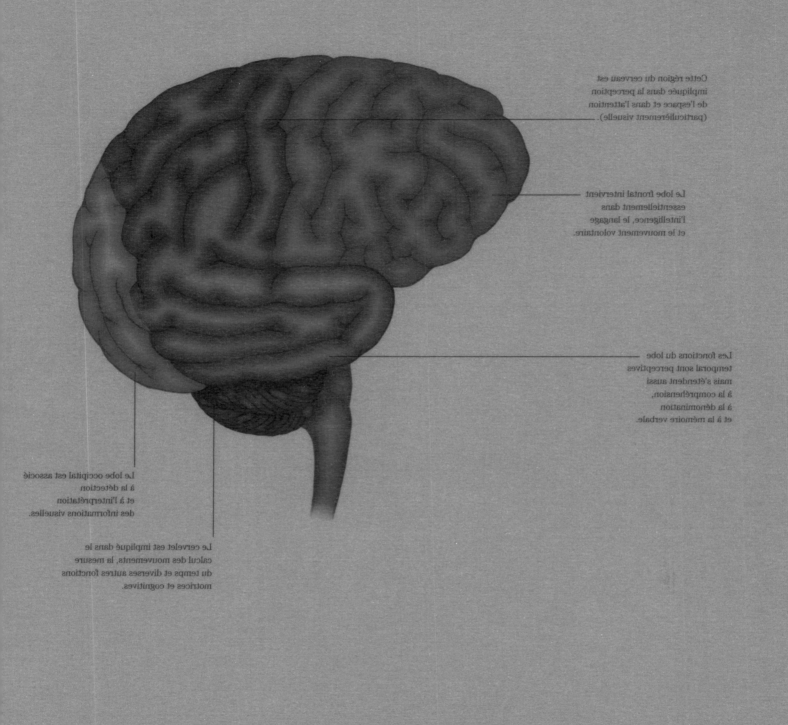

l'environnement du bébé

Quel est l'environnement idéal pour favoriser l'apprentissage de l'enfant ? À quoi ressemblèrent les deux premières années de vie de Léonard de Vinci et d'Alexandre le Grand ? Leur cerveau était-il programmé dès le départ pour leur permettre d'accomplir de grandes choses ? De quoi le bébé a-t-il vraiment besoin pour utiliser au mieux ce fabuleux organe qui se loge dans le crâne humain ?

la stimulation

Dès les premiers jours, alors qu'il passe son temps couché sur le dos les yeux fixés au plafond, le bébé a conscience des formes, des couleurs et des sons qui l'entourent. Ses oreilles sont trop sensibles pour supporter les bruits violents, mais il semble apprécier les musiques douces, leurs changements de rythme et de schéma sonore. Des mobiles colorés accrochés au-dessus de lui peuvent stimuler sa vision. En le prenant souvent dans leurs bras pour le cajoler et le bercer, ses parents développent son sens du toucher.

Plus tard, devenu un nourrisson capable de se déplacer tout seul, il pourra agir délibérément sur la quantité de stimuli qu'il reçoit, notamment lorsqu'il commencera à explorer son environnement et à rechercher des sensations de plus en plus variées.

l'attrait de la nouveauté

Tous les bébés du monde sont irrésistiblement attirés par ce qui est nouveau. Cette curiosité est plus forte chez l'homme que chez toutes les autres espèces animales. S'il bénéficie d'un environnement varié et bienveillant, le nourrisson passera chaque jour des heures à explorer différentes possibilités, fournissant à son cerveau en développement toutes sortes de sensations et d'expériences stimulantes. Si ses parents encouragent sa curiosité, ces activités lui deviendront indispensables, et le goût de la découverte constituera une partie essentielle de sa personnalité.

la peur du nouveau

Les parents doivent trouver l'équilibre entre le désir de protéger leur bébé des dangers et la nécessité de laisser s'exprimer son besoin de découverte. Le contraire de la curiosité est la peur de ce qui est nouveau. Si le nourrisson est puni ou traumatisé pour avoir voulu découvrir quelque chose de nouveau, il peut développer ce type de peur. Un traumatisme ou un accident risque d'inhiber son goût du jeu et de l'exploration. Ainsi, s'il blesse le chat de la famille en voulant jouer avec lui (les tout jeunes enfants voient souvent les animaux domestiques comme des jouets en peluche et peuvent leur faire mal sans en avoir conscience) et que l'animal se venge, il risque d'avoir peur des chats longtemps.

Ce genre d'expérience peut aussi le dissuader de jouer dans des lieux ou des situations qui lui rappellent ceux où l'incident s'est produit. Dans les cas extrêmes, il risque de développer une phobie de tous les stimuli nouveaux, ce qui entravera ses facultés d'apprentissage. Le milieu est donc susceptible de jouer un rôle négatif aussi bien que positif sur le développement de l'enfant.

le jeu

Les êtres humains sont les animaux les plus ludiques qui soient. Le jeu est indispensable à notre apprentissage pendant notre petite enfance, et nous continuons de jouer tout au long de notre vie. La seule différence est que nous donnons au jeu des noms différents, comme poésie, littérature, musique, art, théâtre, recherche scientifique, sports, athlétisme. Tous nos accomplissements plongent leurs racines dans les jeux d'enfance, qui méritent par conséquent toute notre attention.

schéma de jeu

Mettez un enfant en bas âge dans une pièce pleine de jouets et attendez la suite. Très vite, on voit apparaître un schéma très net. Il se concentre d'abord sur un jouet et l'examine, essayant d'en deviner les possibilités. Puis, il commence à jouer avec, le frappant, le démontant, l'assemblant à nouveau, le renversant, le déplaçant d'un endroit à l'autre… Au bout d'un moment, il se lasse et passe à un autre jouet, avec lequel il répète les mêmes expériences. Et ainsi de suite. Pour finir, il retourne au jouet numéro un ou deux et recommence à l'examiner, etc.

les principes du jeu

Plusieurs principes de jeu commencent à apparaître. Le premier est le goût de la nouveauté (voir « L'environnement du bébé », page 130). Un nouveau jouet exerce sur l'enfant un attrait irrésistible. Le goût de la nouveauté est particulièrement développé chez les humains. C'est lui qui alimente notre curiosité et nous pousse à la découverte – en d'autres termes, c'est ce qui nous fait de nous des êtres créatifs.

Quand l'enfant comprend à quoi sert le jouet, il en explore toutes les possibilités – c'est le principe de la « variation thématique ». Une fois qu'il en a épuisé le potentiel, il se lasse et passe à un autre pour satisfaire sa soif de nouveauté.

Ces principes ne s'appliquent pas seulement aux jouets, mais à tous les jeux d'enfants, jeux de groupe comme « Coucou ! » ou cache-cache, jeux de ballon, jeux à caractère « athlétique » comme les sauts et les roulades ou jeux créatifs comme le dessin et la peinture.

les préférences en matière de jeu

Il est toujours intéressant de voir quels jeux ou jouets l'enfant préfère et lesquels il ignore. Ces préférences précoces nous donnent des indications sur ses goûts futurs. Est-il plutôt physique ou mélomane, porté à l'analyse ou imaginatif, désordonné ou méticuleux ? Préfère-t-il démanteler les objets ou les assembler ? Ses actions sont-elles précises et délibérées ou obéit-il à ses impulsions ?

les premiers jeux

Le bébé joue avant même de savoir coordonner ses mouvements, attiré par le bruit du râteau ou les couleurs d'un mobile (voir « Premiers jeux », page 136). Il peut même jouer en restant physiquement passif, par exemple dans les jeux de vertige qui lui font découvrir des sensations inhabituelles comme le fait d'être projeté haut dans les airs pour retomber ensuite. Plus tard, l'enfant aventureux découvrira peut-être les joies du trampoline et des châteaux gonflables, portant cette ivresse toujours plus loin.

l'exploration des objets

Dès que le bébé commence à pouvoir utiliser ses mains pour toucher et saisir les objets qui l'entourent, sa curiosité le pousse à explorer son environnement. Au départ, il découvre des sensations – chaud, froid, mou, dur, humide, sec, etc. –, puis progressivement il apprend plus de choses sur des objets spécifiques et sur leur fonctionnement. Tout cela s'inscrit dans le cadre d'un processus d'apprentissage complexe qui comporte plusieurs étapes de développement.

de la main à la bouche

Dès que le bébé est capable de bouger sa main de façon délibérée et coordonnée, il porte tous les objets qu'on lui offre à sa bouche pour les soumettre à une investigation orale. Cette réaction est due au fait que, grâce à la tétée, sa bouche est mieux développée que toutes les autres parties de son corps du point de vue sensoriel. C'est instinctivement que le bébé porte les objets à sa bouche. Cette phase dure longtemps et peut d'ailleurs devenir périlleuse. En effet, la curiosité du bébé est telle que, dès qu'il sait ramper, il part à la recherche d'objets intéressants à se mettre dans la bouche. La plupart des maisons regorgent de petits objets potentiellement dangereux. Ils peuvent être tranchants, comme une paire de ciseaux, ou suffisamment petits pour être avalés, comme les billes, ou encore toxiques, comme les détergents et les médicaments. Même les objets plus « adaptés » comme certains « jouets de bouche » en plastique que l'enfant peut sucer ou mâcher présentent des risques lorsqu'ils traînent par terre depuis longtemps et sont sales.

comprendre les objets

En plus de porter les objets à sa bouche, le bébé les secoue, les cogne et les jette par terre. Ces expériences le familiarisent avec les notions de légèreté et de lourdeur, les différentes textures, lisse, rugueuse, et toutes les autres propriétés physiques des objets inanimés. Il se rend également compte que leur forme affecte la manière dont ils bougent, que certains objets peuvent s'imbriquer les uns dans les autres et qu'ils produisent des bruits différents quand il joue avec. Ce sont ces connaissances précoces qui lui permettront plus tard de s'initier à la géométrie, aux mathématiques, à l'architecture, à l'athlétisme et à d'autres disciplines.

la permanence de l'objet

L'un des développements les plus significatifs de la perception du bébé est la découverte de la permanence des objets.

Vers l'âge de six mois, il commence à comprendre que chaque objet est unique. Jusque-là, chaque fois qu'il voyait un oiseau ou un arbre, il croyait qu'il s'agissait du même oiseau ou du même arbre. Désormais, il sait que chaque oiseau ou chaque arbre est différent.

Dès lors, le bébé commence à entrevoir que ce n'est pas parce qu'un objet quitte son champ de vision qu'il cesse d'exister. Le jeu de « Coucou ! » en fournit la preuve. L'un des parents se cache derrière une porte, puis réapparaît à nouveau. De l'âge de trois à six mois, le bébé attend que le visage de l'adulte réapparaisse, mais c'est seulement vers l'âge de six à neuf mois qu'il comprend que la tête du parent est toujours derrière la porte, même s'il ne peut pas la voir. C'est là une étape fondamentale de l'apprentissage du nourrisson.

premiers jeux

Le bébé aime jouer avant même de pouvoir coordonner ses mouvements. Couché dans son berceau, il fixe avec émerveillement un mobile accroché au-dessus de sa tête qui lance des éclats de lumière en flottant et en tournant sur lui-même. Si de surcroît le mobile tintinnabule, le bébé est encore plus ravi ! Il agite les pieds et les mains comme s'il cherchait à attraper cet objet fascinant.

Les jouets tiennent un rôle important dans le développement du nourrisson, car ils le stimulent et le poussent à explorer (voir « L'exploration des objets », page 134). Le bébé humain est génétiquement programmé pour devenir très curieux et avoir constamment envie de prospecter le monde qui l'entoure. Si on ne lui propose qu'un environnement pauvre, on ne favorise pas ce processus.

une merveilleuse récompense

En grandissant, l'enfant apprend à aimer les jouets qui lui donnent une impression de pouvoir. Chaque jour, son contrôle musculaire s'améliore, et les jouets qui réagissent à ses manipulations de manière spectaculaire l'attirent particulièrement. Ainsi, quand on frappe une boule lourde, elle bouge à peine, mais si l'on frappe un ballon de la même taille avec la même force, il s'envole dans le ciel. Le bébé fait les mêmes gestes dans les deux cas, mais la réaction de l'objet est beaucoup plus importante dans le cas du ballon, ce qui est beaucoup plus gratifiant.

Tout objet qui récompense l'enfant de cette manière lui procure une agréable sensation de puissance. S'il lance un cube de bois sur le tapis, il ne va pas loin. Mais s'il fait la même chose avec une balle, elle s'éloigne en roulant. C'est pourquoi les enfants aiment tant les balles. De même, les jouets montés sur roues les attirent beaucoup plus que ceux qu'ils sont obligés de tirer derrière eux.

bruit et destruction

Les enfants, et surtout les garçons, adorent frapper les objets avec force. Les jouets qui résonnent longuement leur plaisent plus que ceux qui rendent un son mat. Ainsi, il est beaucoup plus amusant de taper sur un tambour que sur un coussin. Le nourrisson aime aussi renverser les piles d'objets, comme des briques ou des cubes. Quelle satisfaction pour lui de pouvoir d'une simple poussée faire tomber une tour que son père a mis une heure à construire ! Ce résultat disproportionné lui donne une impression de grande puissance.

le jeu du ramassage

Le jeu du ramassage enchante le bébé. Il fait tomber un petit objet par terre par maladresse. Le père le ramasse et le remet à sa place. Le bébé hésite un instant, puis le renverse à nouveau, exprès pour voir comment réagira l'adulte. Ce dernier voit que cela amuse l'enfant et ramasse l'objet une nouvelle fois... et ainsi de suite. Une complicité s'est établie entre le père et l'enfant, le second savourant le contrôle qu'il exerce sur le premier et l'impression de puissance que cela lui procure.

les jouets complexes

Le nourrisson décide lui-même quels jouets l'intéressent le plus. Il peut très bien ignorer le magnifique train qu'on vient de lui offrir pour jouer avec l'emballage. Le fait est que beaucoup de jouets s'adressent plutôt aux parents qui les achètent, de sorte que les jouets les plus élaborés sont parfois ceux qui remportent le moins de succès. Il y a heureusement quelques exceptions à la règle.

les jouets défis

Un jouet qui défie l'intelligence de l'enfant peut devenir un favori, à condition que les chances de réussite soient raisonnables. Si le problème est trop facile ou trop difficile à résoudre, le jouet sera vite délaissé. Si l'enfant se trompe souvent mais trouve quand même parfois la solution, il reviendra au jouet, attiré par la « récompense occasionnelle ». La tour que l'on construit patiemment, brique par brique, et qui finit par tomber (ou que l'on fait tomber exprès pour s'amuser) est un exemple typique de jouet défi. La question n'est pas de savoir si l'enfant gagne ou perd, mais combien de briques il pourra empiler avant que la construction ne s'effondre. Plus le nourrisson grandit, plus ce genre de jouet lui plaît.

les jouets à roues

L'étape suivante est celle du chariot. L'enfant place les briques dedans pour les emporter ailleurs, les ressort, les empile à nouveau, les fait dégringoler et les remet dans le chariot pour redéménager… Ces diverses manipulations l'obligent à se tenir debout en s'appuyant sur la barre du véhicule, et, en poussant celui-ci, il se familiarise avec les mouvements de la marche. Dès lors, la mobilité devient une obsession, et il découvre bientôt le plaisir d'explorer son univers avec un tricycle, par exemple.

emboîter et construire

Les jouets qui s'imbriquent les uns dans les autres fascinent le bébé dès l'âge de douze mois. Essayer de faire entrer un jouet en forme d'étoile dans un trou de la même forme et de la même taille le captive, tout en lui enseignant la géométrie des objets familiers. Les casse-tête simples l'intéressent aussi et le familiarisent avec les formes irrégulières.

Les jouets composés de plusieurs pièces que le nourrisson doit réunir d'une certaine manière pour en faire un tout sont plus compliqués et introduisent le concept d'assemblage. Ils éprouvent son acuité visuelle, ainsi que la coordination entre ses yeux et ses mains. Celle-ci s'améliore à mesure que les mois passent et qu'il apprend à habiller et à déshabiller ses poupées ou à assembler des engins mécaniques.

la musique

Les instruments de musique élémentaires sur lesquels il suffit de frapper ou d'appuyer pour produire des sons drôles ou harmonieux amusent beaucoup l'enfant, ravi de découvrir qu'il est capable de « faire de la musique ». Il peut être choqué de voir un pantin à ressort jaillir d'une boîte à surprise à la fin d'un air, mais dès qu'il se rend compte que ce pantin est inoffensif (voir « L'humour, » page 154), il ne se lasse plus de renouveler l'expérience.

la conscience de soi

Pendant les douze premiers mois, le bébé n'a aucune conscience de soi. Il est tellement occupé à découvrir le monde qui l'entoure qu'il prête peu d'attention à sa propre personne. Tout cela change dès la deuxième année, quand il commence à prendre conscience de son identité.

l'expérience du miroir

Quand on tend un miroir à un bébé de quelques mois, il ne comprend pas que ce qu'il voit est son propre reflet. Il réagit comme si le miroir était un jouet – d'ailleurs très intéressant, car il change d'apparence dès qu'on le bouge. Un poisson ou un oiseau réagit de la même façon. Si l'on place un miroir sur son territoire, il peut attaquer son reflet, croyant qu'il s'agit d'un intrus. Ou s'il est d'humeur à s'accoupler, il lui fait des avances.

Quand l'enfant entre dans son quinzième mois, l'heure de vérité arrive. Il regarde le miroir, agite la main, et l'« autre » agite aussi la main. Il fait d'autres gestes, et chacun de ces gestes est fidèlement reproduit. Il finit par comprendre que ce qu'il voit n'est autre que lui-même. Une expérience permet de s'en assurer. On lui tend un miroir, puis on le lui retire pour lui mettre un chapeau sur la tête. En revoyant son reflet, il peut réagir de deux manières. Soit il tend la main pour toucher le chapeau qu'il voit dans le miroir, auquel cas il n'a pas compris. Soit, après quelques instants d'hésitation, il touche le vrai chapeau qui est sur sa tête, auquel cas il a effectivement compris. Vers l'âge de dix-huit mois, 50 % des enfants réussissent ce test. À vingt-quatre mois, la proportion passe à 75 %. Et à trois ans le taux de réussite est de 100 %. Pour un adulte, ce test peut sembler ridiculement facile, et pourtant très peu d'animaux sont capables de le réussir. Seuls les chimpanzés, les orangs-outangs, les dauphins, les éléphants et les gorilles l'ont passé avec succès.

une conscience de soi grandissante

La conscience d'être une entité distincte – une petite personne avec une existence propre – se précise à l'approche du deuxième anniversaire (voir « Un âge difficile », page 177). À cet âge, l'enfant, comprenant qu'il est un être complet comme tous ceux qui l'entourent, devient très égocentrique et souvent têtu. Il tient à faire les choses à sa manière et peut se fâcher s'il n'y parvient pas. S'il devient incontrôlable, les parents doivent changer de stratégie pour imposer leur volonté.

l'angoisse de la séparation

Le nourrisson est profondément angoissé à l'idée d'être séparé de ses protecteurs.
Tout petit, il peut se mettre à pousser des cris de panique s'il ne parvient pas à localiser
ses parents ou la personne en charge de lui. Cependant, à mesure que le temps passe,
il apprend que, dans certaines circonstances, par exemple lorsqu'on le met au lit, il doit
accepter l'absence de ceux qu'il aime. Dans ces moments-là, il cherche un substitut pour
les remplacer – un objet transitionnel.

la doudou

Du fait que le corps de la mère absente est doux et
caressant, le meilleur substitut est un objet très doux que le
bébé peut presser contre sa joue et serrer dans ses bras. Il
s'agit souvent d'une pièce de literie comme une couverture
qu'il peut ramener vers lui et tasser pour poser sa tête
dessus. L'enfant s'endort souvent dans cette position,
la joue appuyée contre le substitut du corps de sa mère.

Inséparable

Bientôt, cet objet lui devient indispensable et il l'emporte
partout pour l'avoir sous la main au cas où il se sentirait

délaissé. Il peut s'agir aussi d'un toutou : un nounours, un
éléphant, un chat en peluche, etc. L'enfant peut paniquer et
même être désespéré s'il le perd.

l'usure

Le problème avec le toutou, c'est que, comme le bébé
ne s'en sépare jamais, il finit par s'user et se salir. Si les
parents décident de le laver ou de le réparer, ils suppriment
une odeur familière et modifient une texture qui fait
désormais partie intégrante de la sensation éprouvée
lorsque l'enfant serre l'objet contre lui. Rien ne sert
de le remplacer. Le nourrisson peut résister et s'accrocher
passionnément à son vieux fétiche. L'objet transitionnel
a une telle importance pour lui qu'il devient un compagnon
intime et acquiert une identité personnelle. Il devient
même tellement réel que, dans certains cas, l'enfant
le conserve pendant des années, voire jusqu'à l'âge adulte.

Un instinct maternel

Chez certaines petites filles, le toutou, objet très doux,
provoque une réaction inversée : c'est l'enfant qui devient
le parent symbolique, tandis que l'objet devient
le bébé symbolique. La petite fille aime son jouet avec toute
la tendresse d'une mère qui protège son enfant. Mais même
si elle protège au lieu d'être protégée, le fait de serrer
sa doudou ou son toutou dans ses bras la rassure et
l'apaise.

le cerveau et le genre

Le cerveau des filles et des garçons est-il identique à la naissance ? La façon dont il est fait ou dont il fonctionne entraîne-t-elle des caractéristiques distinctes dès le premier jour de la vie extra-utérine ? De récentes investigations laissent supposer que c'est en effet le cas, et même que ces développements interviennent bien plus tôt, dès le milieu de la vie intra-utérine.

le cerveau dans l'utérus

Quand, vers le cinquième mois de vie intra-utérine, les testicules du fœtus de sexe masculin commencent à produire de la testostérone, on constate un impact important sur le développement des tissus cérébraux. Les enzymes agissent sur les hormones sexuelles masculines, qui s'agglomèrent avec les tissus cérébraux et amorcent une transformation irréversible. Le résultat est que, dès la 26e semaine de grossesse, on voit des différences entre le cerveau du fœtus masculin et celui du fœtus féminin. Certaines sont visibles à l'œil nu.

scanographies

Les scanographies montrent que les hémisphères cérébraux sont plus asymétriques chez les bébés de sexe masculin que chez les bébés de sexe féminin. Ils contiennent aussi plus de matière blanche et moins de matière grise. Les filles ont plus de matière grise dans les parties les plus récentes du cortex cérébral, tandis que les garçons ont proportionnellement plus de matière grise dans les parties plus anciennes et plus primitives du cerveau.

Par ailleurs, on observe une plus grande symétrie dans ce que l'on appelle le « cortex d'association supérieur » du cerveau féminin. C'est la partie du cerveau la plus concernée par les processus mentaux complexes. Le cerveau masculin est nettement plus grand à gauche. Le peu d'asymétrie que l'on observe dans le cerveau féminin montre que son cortex d'association est légèrement plus grand à droite. Si l'on garde à l'esprit que l'hémisphère gauche est surtout concerné par la pensée analytique et l'hémisphère droit par la pensée intuitive, il semblerait bien que l'affirmation suivant laquelle les femmes seraient plus intuitives s'appuie sur des bases sérieuses.

implications pour l'avenir

Ces différences précoces entre le cerveau des filles et celui des garçons sont définitives, et les examens au scanner de cerveaux d'hommes et de femmes adultes montrent qu'elles ont un impact durable. Pendant ces examens, on voit quelles parties du cerveau « s'illuminent » (en d'autres termes, deviennent actives) quand le sujet résout un problème. Ainsi, les filles utilisent les deux hémisphères en même temps lorsqu'elles traitent des informations verbales. Les hommes n'utilisent que l'hémisphère gauche. Confrontées à un problème de navigation, les femmes utilisent surtout la partie droite de leur cortex cérébral, tandis que les hommes emploient l'hippocampe gauche. En ce qui concerne les réactions affectives, les femmes utilisent surtout leur cortex cérébral. Chez les hommes, l'activité affective est logée dans l'amygdale. Les études montrent que l'afflux de testostérone dans la petite enfance fait grossir l'amygdale, qui devient nettement plus grande chez les garçons. À l'âge adulte, l'amygdale masculine est 16 % plus développée que sa contrepartie féminine.

Si certains détails anatomiques paraissent complexes, il suffit de savoir que, dès la naissance et même avant, les cerveaux féminin et masculin présentent une structure, une organisation et un fonctionnement différents. Cependant, même si ces différences impliquent que les hommes et les femmes ont des processus mentaux différents, cela ne veut pas dire que l'évolution les oblige à agir de façon différente, mais seulement qu'ils parviennent à leurs conclusions – souvent les mêmes – par des voies différentes. Un spécialiste du cerveau résume : « Les différences entre ce que font les femmes et les hommes sont petites ; les différences entre la manière dont ils le font sont grandes. »

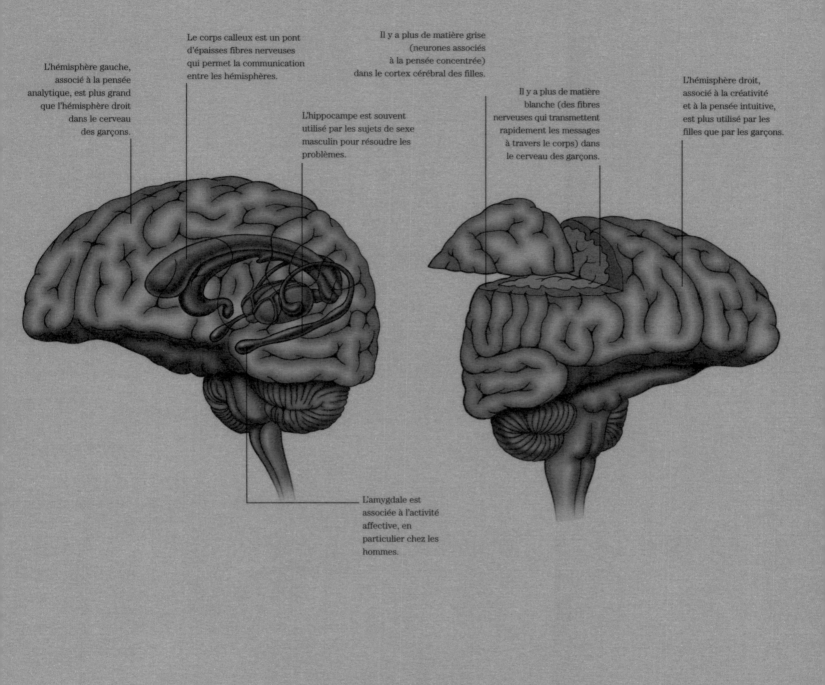

L'hémisphère gauche, associé à la pensée analytique, est plus grand que l'hémisphère droit dans le cerveau des garçons.

Le corps calleux est un pont d'épaisses fibres nerveuses qui permet la communication entre les hémisphères.

Il y a plus de matière grise (neurones associés à la pensée concentrée) dans le cortex cérébral des filles.

Il y a plus de matière blanche (des fibres nerveuses qui transmettent rapidement les messages à travers le corps) dans le cerveau des garçons.

L'hémisphère droit, associé à la créativité et à la pensée intuitive, est plus utilisé par les filles que par les garçons.

L'hippocampe est souvent utilisé par les sujets de sexe masculin pour résoudre les problèmes.

L'amygdale est associée à l'activité affective, en particulier chez les hommes.

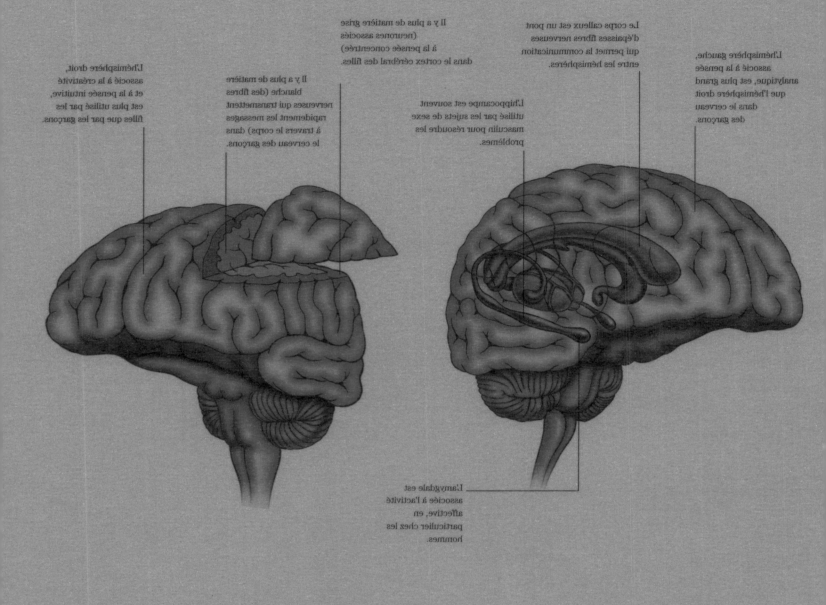

la vie affective

la personnalité

Les parents qui ont plusieurs enfants s'étonnent toujours des différences de personnalité qui se manifestent dès le plus jeune âge. L'un a toujours été très placide, l'autre a l'esprit vif, un troisième se montre hyperactif. Comment expliquer ces différences précoces ?

les gènes

Nous savons encore peu de choses sur l'impact des gènes sur notre personnalité. L'idée que les gènes pourraient déterminer quelque chose d'aussi complexe que la personnalité humaine est contestée, mais il est intéressant, malgré tout, de se demander dans quelle mesure le facteur génétique pourrait influer sur tel ou tel trait de caractère.

les types de personnalité

Prenons par exemple le goût du jeu. L'évolution nous a rendus de plus en plus ludiques, et notre goût du jeu nous accompagne jusqu'à l'âge adulte. C'est cet aspect de la personnalité humaine qui nous rend curieux, inventifs et avides de découverte. Et c'est précisément à cette curiosité que notre espèce doit sa réussite. Notre caractère ludique s'est renforcé au fil de l'évolution, mais de manière inégale selon les individus. Certains d'entre nous sont naturellement plus curieux que d'autres, et cette différence se manifeste dès le plus jeune âge. Certains nourrissons se montrent extravertis et avides de découverte, tandis que d'autres restent introvertis et ont peur de tout.

Supposons qu'un facteur génétique donne le goût de la nouveauté à un bébé et qu'un autre facteur génétique détermine la peur de la nouveauté de son frère ou de sa sœur (voir « L'environnement du bébé », page 130). L'équilibre entre ces deux influences contradictoires place chacun des deux nourrissons quelque part sur l'échelle extraverti/introverti. L'environnement familial fera le reste. Si l'enfant avide de nouveauté est autorisé et encouragé à développer cet aspect de sa personnalité, il deviendra plus tard un individu anticonformiste et inventif. Si le bébé apeuré est dissuadé d'explorer le monde qui l'entoure et puni au moindre écart de conduite, on se retrouvera plus tard face à un adulte conformiste et dépourvu d'imagination. Le premier fuit la routine et aspire sans cesse à de nouvelles expériences, tandis que le second accepte le statu quo sans broncher.

Il existe bien sûr de nombreuses variantes entre ces deux extrêmes. Que se passe-t-il, par exemple, si l'on réprime le désir de découverte de l'enfant curieux ? Ou si, au contraire, on pousse le bébé peureux et placide à prendre des risques et à explorer de nouvelles sensations ? Quand la génétique et l'environnement familial tirent dans des directions opposées, on obtient toutes sortes de combinaisons différentes qui peuvent donner des personnalités extrêmement variées. Un simple facteur génétique de base ouvre donc d'innombrables possibilités suivant les influences qui se conjugueront avec lui au fil du temps.

l'influence des parents

Les parents influencent le développement de la personnalité de leur enfant sans toujours s'en rendre compte. Si leur enfant leur semble trop placide et manque de curiosité, ils peuvent essayer de le stimuler. S'ils le font en douceur, cela l'aidera à devenir un adulte plus équilibré. Mais s'ils insistent trop, ils risquent d'en faire un individu stressé et angoissé. Si au contraire le bébé est hyperactif et fait preuve d'une curiosité intense, les parents peuvent s'inquiéter des dangers encourus et essayer de le calmer. S'ils le font avec tact, cela lui évitera de se mettre en danger sans entraver l'épanouissement de sa personnalité. Si leur intervention est trop brutale et si l'enfant est constamment réprimandé lorsqu'il cherche à explorer son environnement, ils risquent d'inhiber son développement et d'en faire un individu frustré.

L'élaboration de la personnalité est une question complexe, mais ce qui est sûr, c'est que ses bases sont jetées dès la plus tendre enfance et qu'elles accompagneront l'individu tout au long de sa vie.

l'humeur du bébé

Qu'est-ce qui influence l'humeur du bébé ? Pourquoi, alors qu'il était en train de babiller gaiement, se met-il soudain à hurler ? Les études montrent que les bébés se plaisent particulièrement dans un environnement qui les stimule en douceur. S'il ne se passe rien autour d'eux, ils s'ennuient et s'impatientent. S'il y a trop de bruit et d'agitation, cela les angoisse. Le mieux, c'est une stimulation légère et régulière – mais de quel genre ?

la vie intra-utérine

Pendant la vie intra-utérine, le fœtus perçoit certains sons et mouvements qu'il associera plus tard à la paix et à la sécurité. Le son qui domine est le battement du cœur de sa mère. Et le principal mouvement est le balancement de son abdomen lorsqu'elle marche. Si ces deux sensations restent profondément inscrites dans le cerveau du bébé, il est possible qu'elles deviennent plus tard synonymes de sécurité et de protection. Mais comment le vérifier ?

les pulsations du cœur de la mère

Quand elle est détendue, la mère enceinte a un rythme cardiaque de 72 pulsations par minute. Des expériences sur un groupe de bébés ont permis de voir combien de temps ils mettaient à s'endormir quand il n'y avait aucun bruit dans leur chambre. On les a ensuite couchés en leur passant des enregistrements de pulsations cardiaques, d'abord très lents, puis très rapides et irréguliers. Enfin, on a répété l'expérience avec des enregistrements de berceuses. Chaque fois, on a eu soin de noter combien de temps les enfants mettaient à s'endormir. Les résultats sont probants.

Les bébés qui entendaient un rythme cardiaque de 72 pulsations par minute s'endormaient deux fois plus vite que les autres. Ni le silence ni les autres enregistrements – berceuses, pulsations cardiaques rapides ou irrégulières et tic-tac du métronome – ne parvenaient à les apaiser. Il était évident que les pulsations cardiaques de la mère étaient profondément inscrites dans leur mémoire et avaient un effet apaisant. Ces observations expliquent pourquoi la mère préfère tenir son bébé sur son bras gauche. Sans même en avoir conscience, elle le tient près de son cœur, ce qui le calme et l'apaise. Le fait qu'elle le tienne sur son bras gauche n'a rien à voir avec le fait qu'elle soit droitière ou gauchère : 78 % des mères gauchères en font autant. Une étude de 466 peintures de la Madone et l'Enfant de différentes époques conduit au même résultat. Dans 373 d'entre elles (80 %), la Madone tient l'Enfant Jésus sur son bras gauche. Accessoirement, les observations de femmes faisant leurs courses montrent que, dans ce cas, il n'y a aucune préférence : 50 % portent leurs emplettes de la main gauche, et 50 % de la main droite.

le mouvement de marche de la mère

Le fœtus perçoit les mouvements de marche de sa mère et, lorsqu'ils sont réguliers, ils l'apaisent. Beaucoup de mères se mettent à arpenter la pièce quand elles essaient d'endormir leur bébé. Ces mouvements rythmiques doux et réguliers qui lui rappellent les sensations perçues pendant sa vie intra-utérine le calment et l'aident à s'assoupir.

les soins « kangourou »

Les prématurés sont généralement placés dans des couveuses où ils n'ont aucun contact avec le corps de leur mère et où, par conséquent, ils ne perçoivent pas ses pulsations cardiaques. Dans un hôpital de San Francisco, on a mené des expériences qui consistaient à sortir les nouveau-nés des incubateurs pendant quelques minutes par jour pour les placer sur la poitrine de leur mère. Ceux qui ont reçu ces soins « kangourou » se sont développés beaucoup plus vite que les autres et ont pu quitter l'hôpital deux fois plus tôt. Cette expérience prouve le pouvoir extraordinairement apaisant et salutaire des pulsations cardiaques de la mère.

l'intelligence affective

L'intelligence affective nous permet de contrôler nos émotions, de comprendre celles des autres et de bien gérer nos relations sociales. C'est elle qui fait les bons négociateurs, les amis compatissants ou les collègues agréables. L'individu doté d'une grande intelligence affective exerce une influence joyeuse et apaisante au sein d'un groupe. Les bébés et les enfants en bas âge n'ont pas encore eu le temps de la développer, mais le comportement de leurs parents à leur égard peut les y aider.

l'apprentissage des parents

En grandissant, l'enfant découvre le monde de deux façons. Il découvre le monde physique en explorant les objets, en jouant et en testant les mouvements de son corps (voir « L'exploration des objets », page 134). Mais, si élevé que soit son quotient intellectuel, il n'a rien à voir avec ses aptitudes sociales. Ces aptitudes, ce sont ses parents ou les personnes chargées de s'occuper de lui qui les lui enseignent pendant ses deux premières années par leur propre comportement. S'il est aimé et choyé, il a de fortes chances de devenir à son tour un adulte aimant et attentif aux autres. Il ne lui reste plus qu'à parvenir au stade où l'on se met à rendre l'amour que l'on a reçu.

la découverte des autres êtres vivants

Le bébé saisit mal la différence entre les objets inanimés et les êtres vivants. Ainsi, il ne voit pas la différence entre un jouet en peluche et un chaton. C'est pourquoi les jeunes enfants maltraitent souvent les animaux : ils ne comprennent pas qu'ils les font souffrir. Pour eux, c'est juste une expérience de plus, comme frapper sur un tambour ou jeter un jouet au loin. C'est là que les parents doivent intervenir et leur apprendre à gérer leurs relations avec les autres. Le moment décisif, c'est quand le bébé comprend que le chaton peut avoir mal. Dès qu'il se rend compte que les autres êtres vivants éprouvent les mêmes sentiments que lui, son intelligence affective commence à se développer. Le lui faire comprendre avant l'âge de deux ans n'est pas facile, mais c'est possible.

le modèle des parents

Les bébés maltraités par leurs parents ou privés d'attention et d'amour ont du mal à développer des relations sociales normales et risquent même de ne jamais vraiment sympathiser avec les autres ou compatir à leurs souffrances. Parvenus à l'âge adulte, ils conserveront toujours des insuffisances sur ce plan. Les individus dépourvus d'intelligence affective se contrôlent mal et sont enclins aux accès de colère.

Les enfants qui ont la chance de grandir dans un foyer heureux et aimant absorbent ce qui se passe autour d'eux. L'exemple de parents qui se montrent toujours joyeux et prêts à aider les autres favorise le développement affectif du nourrisson, même s'il n'est pas directement impliqué. Il regarde ce qui se passe et enregistre la façon dont les gens se comportent les uns envers les autres. S'il voit les adultes se montrer gentils et généreux entre eux, il comprendra plus aisément le concept de bonté.

trouver l'équilibre

Tous les êtres humains naissent avec le besoin inné de rivaliser et de coopérer entre eux. Mais l'équilibre entre ces deux tendances contradictoires est facilement compromis. L'enfant qui assiste trop souvent à des conflits risque de grandir avec l'idée que c'est la norme dans les relations humaines. Celui qui, au contraire, reçoit beaucoup d'amour avec quelques remontrances de temps en temps sera mieux armé pour affronter le monde adulte grâce à une intelligence affective bien développée.

l'humour

Avoir le sens de l'humour présente de nombreux avantages lorsqu'on est adulte. Le rire libère dans le sang des endorphines qui agissent comme un analgésique. Les expériences montrent également qu'un bon fou rire fait baisser la tension artérielle, stimule le système immunitaire et diminue le niveau d'hormones de stress.

le premier rire

Chez les bébés dont les parents se montrent toujours enjoués, le premier rire apparaît dès le quatrième ou le cinquième mois. Les adultes chatouillent doucement le bébé, et ce dernier sourit. Ils recommencent, et il sourit à nouveau. S'ils insistent un peu plus, le sourire se transforme en un joyeux gazouillis. Même s'il ne s'agit encore que d'un son guttural, c'est bien un rire, à ne pas confondre avec un simple réflexe (voir « Le sourire », page 108). Pour faire rire votre bébé, penchez-vous vers lui et dites : « Bou ! » en souriant ou tapotez-lui doucement la poitrine. Vous pouvez aussi le faire sauter sur vos genoux, vous cacher le visage entre les mains et le découvrir à nouveau ou encore faire semblant de laisser tomber l'enfant et le rattraper pour le soulever en l'air et le balancer d'un côté à l'autre. Les chatouilles sont également très efficaces. Ce qui caractérise ces gestes, c'est l'élément de choc mesuré. Le bébé rit parce qu'il reçoit un « choc inoffensif ». Le « Bou ! » soudain lui fait peur, mais il sait que c'est son père et protecteur qui produit ce son, aussi le choc est-il interprété comme sans danger. C'est exactement ce que font les adultes en s'esclaffant quand on leur joue un tour. Presque toutes les farces provoquent un choc, mais lorsqu'elles sont faites sans intention hostile, les gens rient au lieu de se fâcher ou de prendre peur.

la structure du rire

Le gloussement du bébé se transforme vite en un rire plus fort, une série d'exhalaisons répétées de façon rythmique de type « ah-ah-ah ». Si l'un de ces « ah » durait plus longtemps, il se transformerait en appel au secours ou en cri de douleur. Mais c'est un « ah » bref et répété, comme si le bébé, réagissant à la surprise, commençait par pousser un cri d'alarme, puis comprenait aussitôt que le choc est sans danger.

faire rire

Le soulagement éprouvé par le bébé quand il comprend que le choc est sans danger lui donne envie de renouveler l'expérience. Très vite, il s'aperçoit que lui aussi peut faire rire les autres en produisant certains sons ou en faisant certains gestes. C'est ainsi qu'apparaît son sens de l'humour et que se développent ses aptitudes sociales. Dès lors, il a envie de s'amuser le plus possible avec son entourage.

les peurs

Si les peurs de l'adulte sont parfois irrationnelles, les craintes du bébé sont souvent fondées. Du fait qu'il dépend entièrement de ses parents et protecteurs, il est inévitable qu'il panique et se mette à pleurer ou à crier dès qu'il se sent délaissé. Cette réaction augmente ses chances d'être sauvé en cas de réel danger. Par ailleurs, les enfants en bas âge sont très sensibles aux stimuli trop forts qui dérangent la paix de leur monde habituel.

la peur du bruit

Les passagers qui voyagent en avion avec un bébé constatent que le décollage et l'atterrissage provoquent souvent chez lui des crises de panique incontrôlable. Cela est dû au fait que le rugissement des réacteurs et les variations de pression résultant du changement d'altitude lui font mal aux oreilles. Celles-ci sont extrêmement sensibles, et tout bruit excessif est très pénible pour les nourrissons.

la peur de tomber

La peur de tomber est également très fréquente. Le bébé panique à tout changement brutal et inattendu de sa position. Les mouvements saccadés d'une mère nerveuse et agitée peuvent lui faire croire qu'un danger le menace. Si elle passe son bébé à une personne plus calme, il se tranquillise aussitôt. Les gestes lents et sans heurt apaisent tous les bébés.

la peur des étrangers

Jusqu'à l'âge de six mois, le bébé ne distingue pas ses parents proches des étrangers et ne voit aucun inconvénient à ce que n'importe qui le prenne dans ses bras. À partir de six mois, il commence à reconnaître ses parents les plus proches et à les identifier comme individus. Dès lors, si un étranger essaie de le prendre dans ses bras, il peut paniquer et se mettre à hurler. Ce phénomène est particulièrement embarrassant pour les membres de la famille qui ne le voient que de temps en temps et ne comprennent pas pourquoi, alors qu'il adorait cela un mois plus tôt, il réagit maintenant par des cris de protestation. La réponse est tout simplement que, venant rarement, ils ne font pas partie de son univers familier et sont donc repoussés comme étrangers potentiellement dangereux. Le nourrisson finit par apprendre que même les étrangers peuvent être animés des meilleures intentions, mais cela prend du temps, et il ne faut surtout pas essayer d'accélérer le processus.

la peur de se perdre

Quand il devient mobile, le bébé aime explorer, mais il garde toujours un œil sur ses parents. Si ses investigations le conduisent hors de leur champ de vision, il s'affole et revient vers eux en courant. S'il se perd dans la foule, la panique devient désespoir, et il ne se calme qu'après avoir retrouvé ses parents ou la personne chargée de le garder. Il faut alors le bercer et l'embrasser jusqu'à ce que les sanglots s'apaisent. En fait, il vient de subir une double angoisse : celle de la séparation et la peur des étrangers, qui l'ont pourtant aidé à retrouver son protecteur.

la peur de l'obscurité

Si le bébé crie quand on le laisse tout seul dans son berceau et que l'on éteint la lumière, il y a de fortes chances pour qu'il ait moins peur de l'obscurité que d'être séparé de son protecteur. Il ne suffit donc pas d'allumer une veilleuse pour l'apaiser. Il n'est pas naturel de laisser un bébé tout seul, et ses cris devraient le faire comprendre à ses parents. C'est seulement vers l'âge de deux ans que l'enfant commence à imaginer des monstres cachés dans le noir. Il s'agit d'une phase normale, et la plupart des nourrissons en passent par là. Parfois, cependant, cette phase prend une forme extrême et s'accompagne de cauchemars violents.

les phobies

Les peurs et les phobies sont deux choses différentes. Les peurs sont des réactions utiles devant quelque chose de potentiellement dangereux. Les phobies sont des réactions irrationnelles devant quelque chose d'inoffensif. Techniquement, elles sont définies comme des « désordres de l'anxiété ». Elles ne se manifestent en général que vers l'âge de quatre ans, mais leurs racines remontent à un stade beaucoup plus précoce, quand l'enfant avait à peine deux ans. Pour une raison inconnue, les phobies sont deux fois plus courantes chez les filles que chez les garçons.

l'origine des phobies

Si un enfant de deux ans est impliqué dans un événement traumatisant, par exemple s'il s'enferme accidentellement dans un placard en jouant à cache-cache, son cerveau risque d'associer définitivement les espaces restreints au sentiment de panique. Devenu adulte, s'il se retrouve enfermé dans une petite pièce pleine de monde, il peut soudain céder à une panique irrationnelle.

Du fait que le moment de panique initiale est intervenu si tôt dans la vie, il est généralement difficile de se le rappeler consciemment. Il est relégué dans l'inconscient. L'adulte pris de panique ne sait pas pourquoi tel objet, tel événement ou telle activité provoque chez lui un tel sentiment. Seule une psychanalyse prolongée peut permettre de retrouver la raison profonde.

Une étude des phobies les plus courantes fournit quelques indices sur leurs origines possibles. Les principales phobies sont la peur des petits espaces fermés (claustrophobie), la peur des grands espaces (agoraphobie), l'horreur de la foule, la peur de l'altitude, la peur de sombrer dans l'eau, de parler en public, de prendre l'avion et la peur de certains animaux comme les chiens. Devant la liste de ces phobies, on voit très bien que l'enfant pourrait avoir fait une mauvaise expérience de leur cause quand il avait deux ans, une expérience profondément enfouie dans son inconscient mais toujours présente.

prévenir les phobies

Pendant la phase d'exploration active, le nourrisson s'expose souvent au danger, même si ses parents prennent toutes les précautions nécessaires pour le protéger. Un enfant curieux peut grimper sur un meuble et s'apercevoir qu'il est incapable de redescendre. Le fait d'attendre désespérément que quelqu'un vienne à son secours risque de laisser des traces indélébiles dans son cerveau, mais les parents ne peuvent pas éliminer toutes les possibilités d'escalade de son environnement. Il en va de même avec tous les autres dangers potentiels.

donner l'exemple

Lorsqu'un traumatisme se produit, il est essentiel de réagir de façon appropriée. Si les parents s'affolent, le cerveau de l'enfant enregistre automatiquement l'expérience comme quelque chose de « tellement effrayant que même son protecteur a cédé à la panique ». Sans cette réaction de panique parentale, il aurait juste enregistré que tomber dans l'eau ou grimper trop haut est quelque chose de désagréable qu'il faudra éviter à l'avenir. À cause de la réaction des parents, l'expérience prend un caractère si intense qu'elle engendre une phobie irréversible de l'eau ou de l'altitude.

le sentiment de sécurité

Le besoin de découverte du nourrisson doit être compensé par un sentiment de sécurité. S'aventurer dans des espaces ouverts pour examiner des objets distants est peut-être passionnant, mais cela peut aussi devenir effrayant : l'enfant s'éloigne trop de son univers familier et de ses protecteurs. La solution idéale est de lui permettre d'explorer tout en maintenant le contact avec quelque chose qui le fasse se sentir en sécurité.

l'attachement aux parents

La seule chose qui puisse vraiment donner un sentiment de sécurité au nourrisson est de garder le contact avec ses parents. Il se sent en sécurité lorsqu'il explore tout en tenant la main de ses protecteurs ou en gardant un œil sur leurs allées et venues et en revenant sans cesse vers eux pour échanger quelques mots ou se faire cajoler.

tanières et cagibis

Le nourrisson adore se glisser dans les placards pour en ressortir aussitôt. Il ne joue pas à cache-cache, mais il se cherche un petit « chez-soi » où il se sente en sécurité. Certains parents dressent une tente sur la pelouse du jardin. L'enfant s'en fait une tanière d'où il lance de temps en temps de brèves « expéditions » vers le monde extérieur, mais en y revenant dès qu'il éprouve le besoin de se rassurer. D'autres parents achètent une maison miniature tout juste assez grande pour que le bébé puisse s'y glisser en rampant et qu'ils gardent à l'intérieur. Une grande boîte en carton fait aussi bien l'affaire. Ces petits espaces fermés semblent réveiller chez le nourrisson un besoin primitif de se terrer ou, pour ceux qui préfèrent une interprétation plus freudienne, de retourner dans le ventre de sa mère.

collections et réserves

Dès qu'il a un endroit où il se sent en sécurité, l'enfant commence à le décorer avec divers objets. Il trouve de petits jouets qu'il emporte dans son antre pour le personnaliser et le rendre plus douillet et plus rassurant. C'est sa première marque d'intérêt pour les « biens personnels ». Mais cet intérêt dure rarement. Quand il quitte son repaire, le nourrisson abandonne souvent ses trophées n'importe où, laissant à ses parents le soin de remettre de l'ordre derrière lui. Chez certains individus, le besoin d'amasser disparaît très vite, tandis que chez d'autres il ne cesse de s'accentuer. Ces derniers deviendront peut-être des collectionneurs passionnés une fois parvenus à l'âge adulte. Il semble que les collectionneurs des temps modernes reproduisent sur le mode symbolique le comportement de leurs lointains ancêtres chasseurs-cueilleurs qui passaient leur temps à rapporter des cadavres d'animaux et des plantes dans les villages tribaux afin de se sentir à l'abri des dangers de la vie.

le défi

La vie affective du nourrisson change à l'approche de son deuxième anniversaire. Il devient plus sûr de lui, plus extraverti, et veut que ses désirs soient satisfaits sur-le-champ. Son entêtement et son indépendance croissante se traduisent souvent par des attitudes de défi. Les parents sont parfois surpris par la soudaineté du changement.

La force du refus

L'enfant s'aperçoit que le mot « non ! » a un impact fascinant. Il provoque une réaction forte chez les parents et entraîne un conflit de volontés bref mais intense entre eux et lui. Celui-ci comporte sa propre récompense. C'est une nouvelle sorte d'interaction, une nouveauté affective dont l'enfant se délecte, poussant ses parents à bout pour voir jusqu'où il peut aller. Malheureusement, il ne sait pas s'arrêter, et cela conduit souvent à un affrontement pénible pour les deux parties.

déjouer les ruses de l'enfant

Le nourrisson se montre souvent têtu. Le mieux est de ruser pour éviter l'affrontement. La première solution consiste à proposer une alternative à l'enfant au lieu de lui donner un ordre. Ainsi, au lieu de dire : « Bois ton lait », on peut demander : « Tu préfères du lait ou du jus d'orange ? » La réponse « Ni l'un ni l'autre » étant improbable, le résultat est que l'enfant boit de son propre gré.

La deuxième stratégie consiste à dire à l'enfant de se décider avant que l'on ait fini de compter jusqu'à dix. En général, ce stratagème marche parce qu'obéir est devenu un jeu, tout aussi amusant que de dire : « Non ! »

La troisième solution est d'ordre verbal. L'enfant qui crie : « Non ! » imite peut-être l'un de ses parents. Aussi est-il intéressant de lui suggérer d'autres moyens d'expression négative. Le nourrisson de deux ans connaît peut-être les mots « oui » et « non », mais il ne connaît sans doute aucune nuance comme « peut-être », « bientôt » ou « plus tard ». En lui expliquant ces mots, on lui propose une alternative intéressante qui lui permet d'affirmer sa volonté tout en utilisant des termes moins négatifs.

apprendre à distinguer

Il y a des moments où la situation devient si grave qu'il n'est plus question de jouer au plus fin. Si l'enfant s'apprête à faire quelque chose de dangereux, il faut savoir dire : « Non ! » sur un ton sans appel. On peut ajouter un mot ou une phrase clé dont on sera convenu à l'avance avec lui pendant un moment d'accalmie, par exemple : « C'est sérieux ! » Mais ce mot ne devra être utilisé que dans les cas d'extrême urgence, faute de quoi il perdrait son efficacité. L'enfant comprend qu'il correspond à des situations particulières et réagit en conséquence.

les colères infantiles

Le nourrisson « normal » est sociable et plein d'entrain. C'est une véritable boule d'énergie qui marche et parle. Le monde lui appartient. Il est le centre de l'univers et commence à avoir des exigences dont certaines ne peuvent être satisfaites. Lorsqu'il fait des caprices, il faut parfois savoir dire : « Non ! »

la crise de colère

La première fois que le nourrisson se heurte à un refus catégorique, il peut se mettre à hurler, à pleurer, à donner des coups de pied, à jeter ses jouets par terre, à frapper, à se contorsionner et même à retenir sa respiration (voir « Les pleurs », page 107). La crise dure entre trente secondes et deux minutes, son intensité étant telle que l'enfant finit par s'épuiser et par se calmer tout seul. Toute réaction de colère de la part des parents ne ferait qu'aggraver les choses, de même que toute tentative d'apaisement.

Ces accès de rage n'ont rien d'anormal. Même les adultes se mettent parfois à jurer et à claquer les portes quand ils sont en colère. Dans l'ensemble, nous avons appris à nous contrôler, mais le nourrisson n'en est pas là. Son intense frustration le pousse à s'exprimer avec toute la violence que lui permet son petit corps, et c'est le contraste entre sa faiblesse et la vigueur de sa réaction qui nous effraie.

Les pires accès de rage se produisent en général vers les deux ans, mais ils peuvent intervenir dès la première année et durer jusqu'à la quatrième année. 80 % des enfants de ce groupe d'âge piquent des crises à un moment ou à un autre, et elles sont aussi fréquentes chez les filles que chez les garçons. Certains sujets sont plus colériques que d'autres, et il arrive même que les crises deviennent quotidiennes pendant une certaine période. D'autres, notamment les enfants placides au caractère agréable, n'ont presque jamais d'accès de colère et se contentent de pleurer de temps en temps.

qu'est-ce qui cause les accès de colère ?

L'enfant se met souvent en colère lorsqu'on s'oppose à sa volonté. Par exemple, s'il cherche à faire la même chose que sa mère et qu'elle l'en empêche parce que c'est au-dessus de ses forces ou de ses capacités, il peut se sentir tellement frustré dans son désir d'expression et d'indépendance qu'il perd tout contrôle.

Il en va de même lorsqu'il ne parvient pas à faire fonctionner quelque chose. Il commence à prendre des initiatives, mais son corps n'est pas toujours capable de lui obéir. En d'autres termes, ses facultés mentales précèdent ses aptitudes physiques. S'il continue d'échouer après plusieurs tentatives, il peut soudain exploser et détruire l'objet qui lui résiste. La leçon est dure, mais très utile. Peu à peu, il découvre ses limites physiques, mentales et sociales.

.

les différences
entre les sexes

Dès la naissance, les filles et les garçons trahissent des différences innées dont l'origine remonte à la préhistoire. À l'époque, les femmes étaient trop précieuses pour risquer leur vie à la chasse, qui devint peu à peu le domaine exclusif des hommes. Les femmes faisaient tout le reste et formaient le pivot de la société tribale.

l'homme chasseur

À mesure qu'ils se sont spécialisés dans la chasse, les hommes sont devenus plus musclés, plus forts et plus grands, comme en témoigne la taille des nouveau-nés : les garçons pèsent en moyenne 225 g (0,5 livre) de plus que les filles. Les chasseurs devaient garder leur calme lorsqu'ils poursuivaient une proie, rester plus stoïques, moins émotifs. Ils devaient également prendre des risques. Les hommes devaient savoir pister et viser leurs proies, et de fait il semble que les garçons aient de meilleures appréciations spatiales que les filles, développant de plus grandes aptitudes au lancer et aux jeux de ballon. Les chasseurs devaient fabriquer des armes efficaces, et les garçons paraissent plus enclins que les filles à frapper et à marteler les objets.

la femme aux tâches multiples

Pendant la préhistoire, les femmes, qui devaient élever les jeunes et gérer les relations sociales en l'absence des hommes, sont devenues plus prudentes, plus attentives et plus efficaces dans l'accomplissement de tâches multiples. Tandis que l'homme-chasseur poursuivait un objectif unique et devenait plus résolu, la femme a développé des aptitudes organisationnelles qui lui permettaient de faire plusieurs choses à la fois, ainsi qu'une plus grande patience et une meilleure faculté de coopération. Les sens du goût, de l'odorat et de l'ouïe se sont davantage développés chez elle que chez l'homme, et, responsable de la reproduction, la femme a également acquis une plus grande résistance face aux maladies et aux famines que l'homme. En tant qu'organisatrice de la tribu, elle possédait des aptitudes verbales et vocales supérieures à celles des hommes.

les différences verbales

Pendant la deuxième année, qui coïncide avec les premières phases d'acquisition du langage, on constate des différences entre les garçons et les filles. Ces dernières se montrent plus enclines à utiliser des mots décrivant les émotions comme « aimer », « détester », « triste », « contente ». Cela semble indiquer qu'elles prêtent plus d'attention à leurs états d'âme, tandis que les garçons en parlent moins.

Parmi les autres différences précoces, les filles parlent plus vite couramment et se montrent plus capables de discuter entre elles pour résoudre un problème. Elles utilisent plus souvent les noms communs que les garçons et adorent nommer les choses. Les garçons semblent plus enclins à utiliser les verbes. Il est difficile d'établir avec certitude si ces différences sont innées ou si elles s'acquièrent au contact de l'entourage. Les influences se conjuguent et sont parfois impossibles à dissocier. Ce qui est sûr, c'est que les parents ne parlent pas de la même façon aux filles et aux garçons, mais il est difficile de dire si cela est dû aux réactions des enfants eux-mêmes ou aux idées préconçues des adultes sur les notions de masculinité et de féminité.

les bébés
et leurs frères et sœurs

À sa naissance, le bébé se retrouve dans un monde déjà occupé par d'autres gens.
S'il est enfant unique vivant avec une mère célibataire dans un milieu urbain, il grandit
dans une communauté qui ne comporte que deux personnes. Au contraire, il peut évoluer
au sein d'une famille élargie incluant la mère, le père, des enfants plus âgés que lui,
un oncle, une tante, des grands-parents et des amis proches.

Dans les sociétés tribales, l'enfant venait s'ajouter
aux nombreuses personnes qui peuplaient déjà le village,
et sa mère bénéficiait de l'aide de tout son entourage.
Aujourd'hui, la famille élargie est tombée en désuétude,
et les groupes familiaux deviennent de plus en plus
restreints, les parents éloignés disparaissant carrément
du paysage. Ces changements ont des conséquences
évidentes sur le nouveau-né.

l'enfant unique

Être enfant unique comporte des avantages et des
inconvénients. Certes, l'enfant unique reçoit toute
l'attention de ses parents et des autres personnes chargées
de s'occuper de lui. Il a tout pour lui. Ni frères ni sœurs
avec qui partager ses jouets ou sa chambre. Pas de disputes.
Il est le roi de la maison. Mais il n'en sera pas toujours ainsi,
et il devra apprendre à composer avec les autres comme
l'exige la vie en société. Quand il commence à fréquenter
la garderie, il comprend la nécessité de s'adapter à sa
nouvelle vie.

Même si l'enfant unique fait de son mieux pour partager ses
affaires avec les autres enfants de la garderie, cela lui est
parfois plus difficile qu'aux autres. Il finit par y parvenir,
mais le fait d'être resté solitaire pendant les années les plus
décisives de sa petite enfance le marquera. Les enfants
uniques ne semblent pas souffrir de l'isolement une fois
arrivés à l'âge adulte. Ils aiment la solitude, et même s'ils
deviennent plus sociables, ils ont besoin de se retrouver
seuls de temps en temps.

l'aîné

Le premier-né a deux avantages sur ses cadets. Au début,
il reçoit toute l'attention de ses parents et se voit traité
comme un enfant unique. Il se sent aimé, son ego s'épanouit
et il s'estime par conséquent « digne d'amour ». Puis arrive
le bébé numéro deux, et soudain toute l'attention de ses
parents se reporte sur le nouvel arrivant. Désormais, il lui
faut partager, mais comme son identité est suffisamment
affermie, il peut le faire sans perdre conscience de sa propre
valeur. Le résultat est un individu sûr de lui-même capable
de composer avec les autres.

le cadet

Le bébé né dans une famille nombreuse se trouve entouré
de rivaux plus forts que lui dès le premier jour. Qu'il soit
le deuxième, le troisième ou le quatrième enfant ne fait
guère de différence. Dans tous les cas, il y a toujours un
enfant plus âgé au-dessus de lui. Le cadet tend à devenir
très sociable, mais sans cette conscience exacerbée de sa
propre identité et de sa propre importance qui caractérise
certains enfants uniques et premiers-nés. En grandissant,
il doit souvent se contenter de la deuxième place, et il
apprend vite que les jouets ne lui sont pas tous destinés.
Même les jouets qui lui sont offerts à titre personnel
échouent parfois dans les mains de ses aînés. Cependant,
en qualité de petit dernier de la famille, il est souvent
secouru par ses aînés en cas de menace par un élément
étranger !

Quand un bébé en rencontre un autre pour la première fois, ce dernier est tout juste un objet de curiosité à ses yeux. Il ne voit guère la différence entre lui et un gros nounours ou une poupée parlante. Il peut tendre la main dans sa direction pour le toucher et l'examiner, mais il n'éprouve aucune empathie et ne comprend pas qu'il s'agit d'un autre être vivant semblable à lui-même. La véritable interaction sociale n'interviendra que beaucoup plus tard.

À ce stade, ses jeux sont solitaires, et il traite ses petits compagnons comme des jouets. On observe parfois un phénomène de mimétisme, quand deux nourrissons assis côte à côte s'absorbent dans des jeux parallèles.

Cependant, il n'y a aucune coopération, aucune interaction entre eux. Les parents qui voient leurs bébés se sourire mutuellement s'imaginent parfois qu'il s'agit d'un échange de signaux amicaux. Mais, à ce stade précoce, le sourire n'exprime guère que l'amusement du bébé devant un objet fascinant. Même si un des bébés se met à sangloter et que l'autre pleurniche à son tour, il s'agit plus d'une réaction de gêne entraînée par un son déplaisant que d'un témoignage de sympathie.

Le bébé réagit de la même façon avec les animaux domestiques, les touchant du doigt comme s'il s'agissait d'objets. C'est pourquoi il vaut mieux attendre que l'enfant soit en âge de comprendre la responsabilité que nous avons envers nos animaux domestiques pour adopter un chien ou un chat. Il ne faut jamais laisser un bébé seul avec un animal domestique.

l'accession
à l'indépendance

une confiance en soi toujours plus grande

À l'approche de son deuxième anniversaire, l'enfant se trouve au seuil d'une période d'émerveillements et d'enthousiasme. Il lui reste trois ans avant d'entrer à l'école « pour de vrai », et il profite de chaque instant qu'il lui est offert pour explorer de nouveaux niveaux de langage, de nouvelles aptitudes musculaires et de nouveaux défis intellectuels. Une fois l'impuissance du bébé renvoyée au passé, et la formation culturelle à proprement parler n'ayant pas encore commencé, il se réveille chaque matin impatient de se lancer dans les activités ludiques qui l'attendent. Ce seront peut-être là les plus beaux jours de sa vie.

les sentiments d'insécurité

C'est vers cette époque que l'enfant commence à entrer en relation avec d'autres enfants. S'il a été habitué très tôt à connaître des situations différentes et à rencontrer d'autres gens, il se montrera confiant et n'aura aucune difficulté à vivre de nouvelles expériences. Chez certains, le processus se déroule de manière progressive, sans heurt. Chez d'autres, au contraire, on observe des réactions de panique et d'angoisse, l'enfant se révélant incapable de se passer de la protection parentale.

le moment de la séparation

Les nourrissons ont parfois très peur de se retrouver seuls avec des étrangers. Même à deux ans, l'enfant garde un œil sur le parent qui l'a conduit à la garderie, craignant de le voir s'éloigner. L'adulte est tenté d'attendre qu'il se mette à jouer pour s'éclipser discrètement. Mais, lorsqu'il comprend que son parent est parti, l'enfant se sent parfois abandonné et peut réagir par une panique incontrôlable. Il vaut mieux lui dire au revoir et l'embrasser en lui expliquant que l'on reviendra bientôt le chercher. Même s'il y a quelques sanglots et un bref instant de désarroi, il se calme généralement dès que le parent s'en va. Deux ou trois larmes ne signifient pas que l'enfant souffre d'un grave sentiment d'insécurité, mais seulement qu'il est attaché à ses parents.

comment aider l'enfant à avoir confiance en soi

Il y a différentes manières d'aider l'enfant à avoir confiance en soi. La plus évidente consiste à le réconforter, à l'entourer d'amour et d'attention et à le soutenir dans les moments de doute ou d'angoisse. Mais on peut aussi choisir de le laisser explorer son environnement tout seul, à condition bien sûr d'en avoir préalablement écarté tout danger. Ainsi, il enrichit son expérience et apprend à affronter les difficultés sans l'aide de ses parents. Le fait de savoir que ces derniers ne sont pas loin l'encourage à s'affirmer et à devenir plus indépendant.

l'enfant sûr de lui

Plus l'enfant se sent protégé et choyé par ses parents dans ses premières années, plus il devient confiant et sûr de lui. Ses parents lui ont prouvé qu'il est digne d'amour, et par conséquent il a conscience de sa propre valeur et se sent à l'aise avec lui-même. C'est donc lui qui prend l'initiative d'affirmer son indépendance. Ses parents n'ont pas besoin de l'y inciter. Il se comporte en individu sociable et extraverti prêt à aller vers les autres et à affronter les épreuves qui l'attendent dans la vie.

un âge difficile

On a beaucoup écrit sur le comportement difficile des enfants de deux ans, qui cherchent souvent à affirmer leur indépendance par une attitude de défi. Cette phase pose beaucoup de problèmes aux parents, et les histoires abondent sur les péripéties de ces petits aventuriers !

Pourtant, en réfléchissant à ces incidents, on est obligé de reconnaître que les frasques de ces « enfants terribles » sont souvent plus cocasses qu'irritantes. Il est vrai que les enfants passent par une phase quelque peu excentrique à cet âge en cherchant à affirmer une indépendance qui dépasse leurs capacités physiques et mentales. Mais, malgré un caprice occasionnel ou un accès de rage, cette époque est pleine de surprises délicieuses, tant pour le bambin que pour ses parents.

toujours prêts

Les enfants de cet âge ont une excellente mémoire, une énergie sans bornes et une intense curiosité. Ils débordent d'enthousiasme du matin au soir, ce qui épuise parfois les parents les plus dévoués. Ayant enfin acquis les facultés mentales et physiques nécessaires pour explorer le monde, l'enfant de deux ans a toujours envie de faire quelque chose. Il y a tant à découvrir et à apprendre ! Les problèmes ne surgissent que lorsqu'il ne trouve rien pour s'occuper. Si un jour, pour une raison ou une autre, il est contraint de rester inactif, il se sent vite frustré et peut devenir impatient et irritable.

une distance sûre

Les enfants de deux ans aiment explorer leur environnement, et leur intense curiosité peut leur faire prendre des risques et entraîner des accidents. Cependant, les études ont montré que, dans l'ensemble, ils préfèrent ne pas s'aventurer trop loin de leurs protecteurs. Une expérience portant sur le comportement des nourrissons dans les parcs a montré qu'ils ne s'éloignaient jamais de leur mère de plus de 60 m. Ce rayon correspond précisément à ce que les parents considèrent comme une distance sûre.

l'interaction avec le monde

L'enfant de deux ans ne dispose encore que d'un modeste vocabulaire alors qu'il adore bavarder, essayant sans cesse de nouvelles combinaisons de mots. Son merveilleux cerveau, génétiquement programmé pour une rapide acquisition du langage, amorce une phase de développement caractérisée par un besoin insatiable de maîtriser la grammaire, d'accroître son vocabulaire et d'améliorer sa prononciation.

un processus naturel

Rien de tout cela n'exige de leçons formelles ou de pensée analytique. C'est un processus naturel, merveilleux à observer. De plus, l'enfant de deux ans prend un plaisir tout particulier à impressionner ses parents. Chaque jour apporte une nouveauté et, si l'atmosphère familiale est heureuse et détendue, la joie qu'ils éprouvent à suivre ses progrès est encore plus grande.

une imagination immense

À ce stade, l'imagination de l'enfant s'épanouit, et il commence à se raconter des histoires en jouant. Presque toutes ses activités revêtent un caractère ludique, et il aime particulièrement les jeux qui lui permettent de reproduire les scènes de la vie quotidienne. Si on lui donne des animaux en peluche ou des poupées, il bavarde avec eux, improvisant de petites scènes. Il mélange allègrement le monde réel et le monde imaginaire – à ses yeux, la distinction n'est pas nécessaire –, et dans son esprit les événements quotidiens se mêlent à des faits imaginaires. Entre deux et cinq ans, beaucoup d'enfants s'inventent un ou deux amis fictifs avec qui ils partagent leurs jeux.

les leçons des parents

L'enfant de deux ans « interprète » volontiers le rôle de son père ou de sa mère lorsqu'il joue, grondant ses poupées en leur reprochant d'avoir fait des bêtises ou les félicitant au contraire de leur bonne conduite. Cela montre qu'il enregistre avec précision la manière dont ses parents le traitent. Même les détails les plus infimes comme le fait d'agiter le doigt en l'air ou de froncer les sourcils sont retenus et fidèlement reproduits lorsqu'il réprimande une poupée désobéissante.

comprendre le monde

L'enfant de deux ans écoute avec beaucoup d'intérêt ce que disent les adultes. Il adore poser des questions et comprend de mieux en mieux les réponses et les explications. Il commence à se rappeler les événements passés et se plaît à les raconter. Cependant, ses efforts pour interpréter le monde peuvent conduire à des malentendus et même à des peurs irrationnelles. Les parents auront là encore un rôle de protecteurs rassurants.